高校入試　文・漢文

特長と使い方

◆1日4ページずつ取り組み，10日間で高校入試直前に弱点が克服でき，実戦力を強化できます。

入試で問われる基本的な問題で，解き方や考え方を確認しましょう。

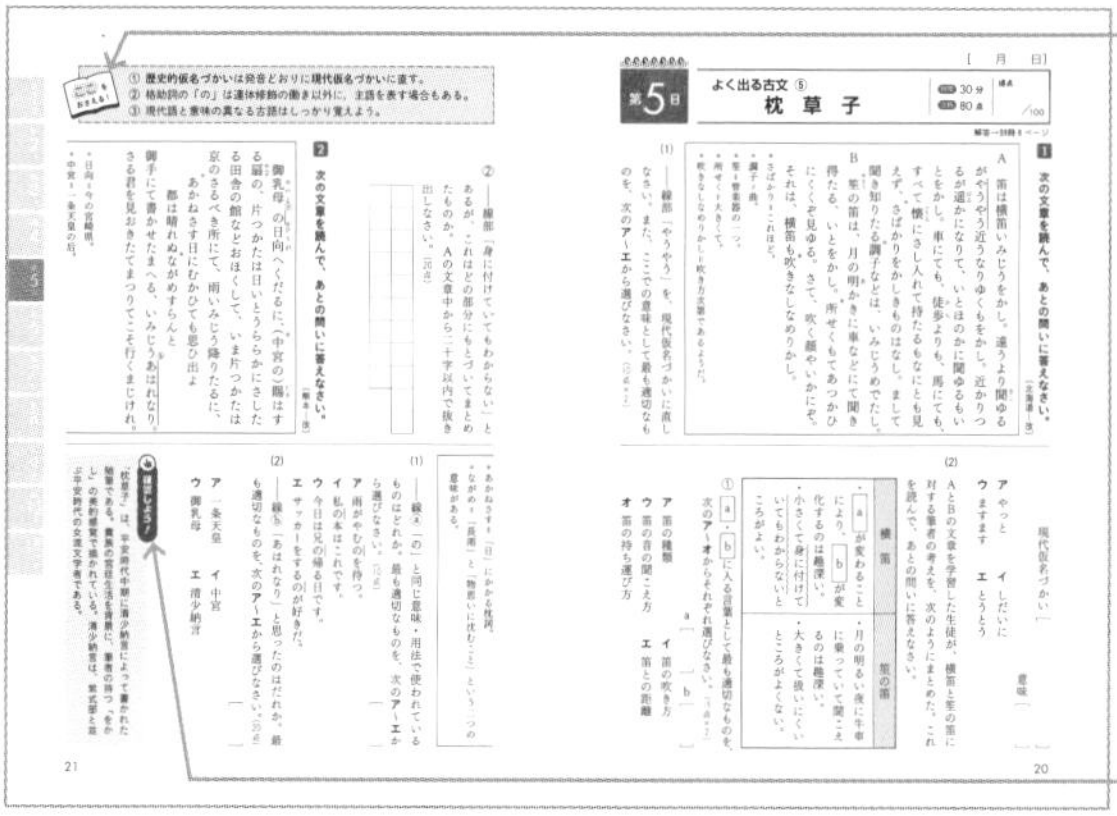

ここをおさえる！　学習するうえでのねらいについてまとめています。

確認しよう！　出典作品や問いの要点を確認します。

入試実戦テスト　さまざまな入試問題を解いて，実戦力を養いましょう。

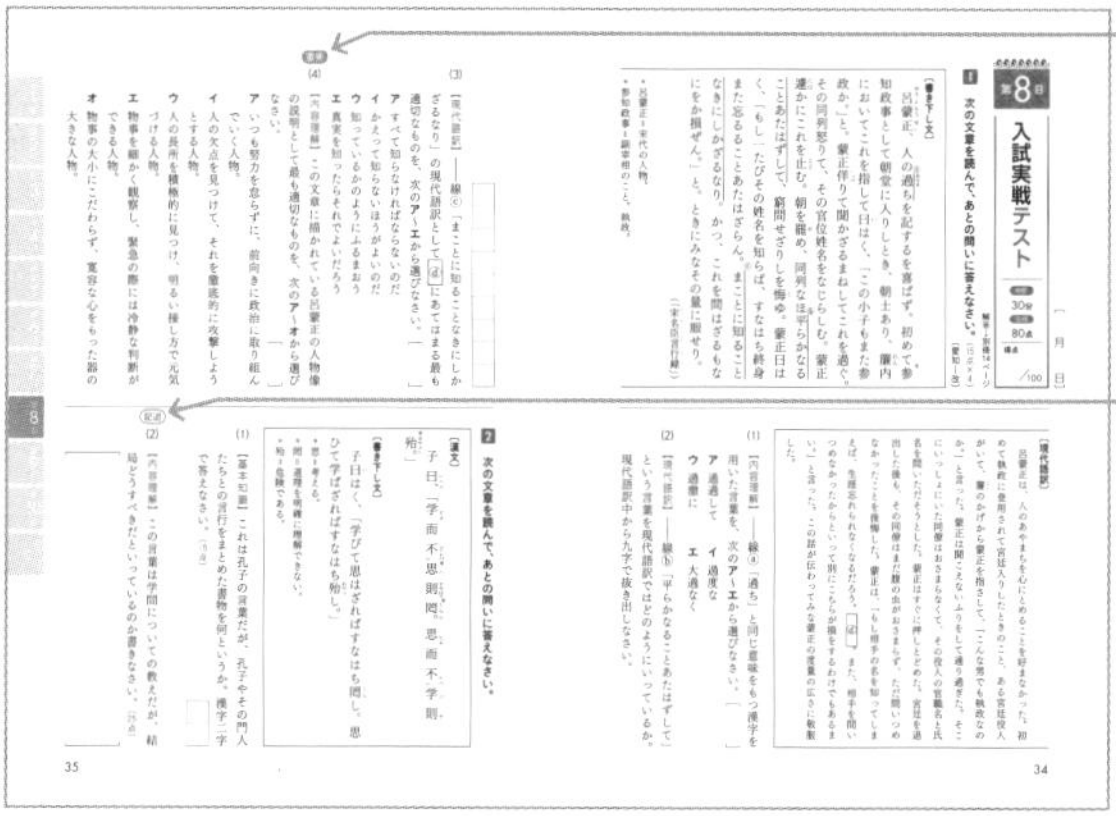

重要　入試でよく出題される問題です。

記述　記述式の問題です。

◆巻末には「総仕上げテスト」として，総合的な問題や，思考力が必要な問題を取り上げたテストを設けています。10日間で身につけた力を試しましょう。

目次と学習記録

◆学習日と得点を記録して，自分自身の弱点を見極めましょう。
◆１回だけでなく，復習のために２回取り組むことでより理解が深まります。

本書に関する最新情報は，小社ホームページにある**本書の「サポート情報」**をご覧ください。（開設していない場合もございます。）

なお，この本の内容についての責任は小社にあり，内容に関するご質問は直接小社におよせください。

出題傾向

◆「国語」の出題割合と傾向

＜「国語」の出題割合＞

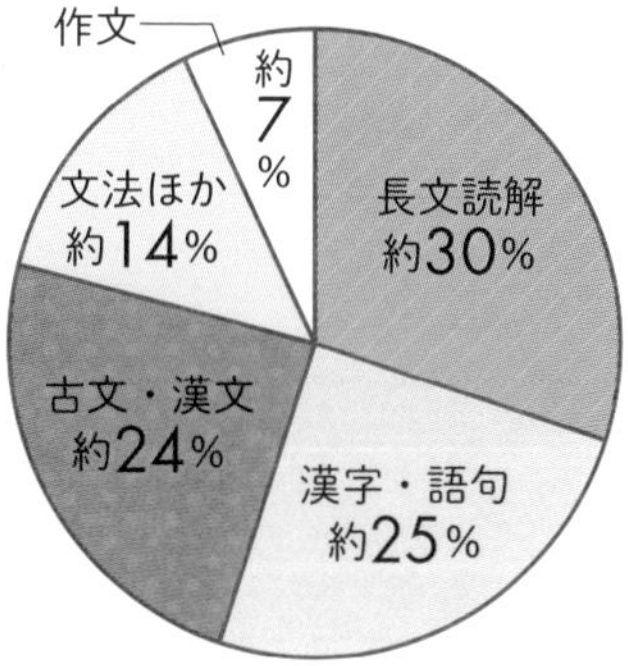

＜「国語」の出題傾向＞

- 出題される文章は，論説文・小説が中心。随筆からの出題は減少。
- 長文読解は，読解内容を問うものに図表の読み取りを加えた複合問題が増加。
- 漢字は，熟語の構成や慣用句・故事成語などに関する問題も出題される。
- 文法は，品詞の識別や意味・用法が主に出題される。
- 作文は条件作文が中心で，課題作文や短文作成は減少。

◆「古文・漢文」の出題傾向

- 古文では，仮名遣いや主語を問う問題，内容把握の問題が主に出題される。
- 漢文では，動作主や返り点を問う問題，書き下し文に関する問題が主に出題される。

合格への対策

◆長文読解

試験を意識して，文章を速く読むようにしましょう。また，論説文における要旨の把握や小説における心情把握も十分に練習しましょう。

◆漢　字

漢字の読み書きは頻出のため，ふだんから漢字を使う習慣をつけましょう。

◆古文・漢文

動作主や主語・述語の関係について，しっかりおさえながら文章を読めるように練習しましょう。

◆文　法

品詞の識別やそれぞれの品詞の意味・用法はよく問われるため，品詞分類表や活用表をしっかり暗記しましょう。

◆作　文

日頃から社会問題に目を向けて周辺の知識を増やしておくとともに，条件に合わせて時間内に文章をまとめる練習をしましょう。

[　月　日]

第1日

よく出る古文 ①
沙 石 集

時間 30分　合格 80点　得点　／100

解答→別冊1ページ

1 **次の文章を読んで、あとの問いに答えなさい。**〔福島―改〕

ある在家人《ざいけにん》、山寺の僧を信じて、世間《せけん》・*出世《しゅっせ》深く*憑《たの》みて、病《や》む事もあれば薬までも問ひけり。この僧、*医骨《いこつ》も無かりければ、万《よろづ》の病《やまひ》に、「藤《ふぢ》のこぶを煎《せん》じて召《め》せ。」とぞ教へける。これを信じてⓐ用ゐるに、万の病*癒《い》えざる無し。

ある時、馬を失ひて、「いかが仕《つかまつ》るべき。」といへば、例の「藤のこぶを煎じて召せ。」といふ。*心得《こころえ》がたけれども、*やうぞあるらんと信じて、あまりに取り尽くして近々《ちかぢか》には無かりければ、山の麓《ふもと》を*尋ねける程に、谷のほとりにて、ⓑ失《う》せたる馬を見付けてけり。これも信の*致《いた》す所なり。

＊出世＝仏の道。　＊憑みて＝頼りにして。
＊医骨＝医学の心得。
＊癒えざる無し＝治らないということはない。
＊心得がたけれども＝納得がいかないが。
＊やうぞあるらん＝理由があるのだろう。
＊尋ねける＝探し回った。　＊致す所＝結果。

記述

(1) ――線ⓐ「用ゐる」を現代仮名づかいに直し、すべてひらがなで書きなさい。（15点）

[　　　　]

(2) 次の文章は、本文の内容について説明したものの一部である。あとの①・②の問いに答えなさい。

> 在家人は、山寺の僧から、どのような病気になっても［A］を受けていたが、そのとおりにするとすべての病気は治ってしまった。
> また、在家人の馬が逃げた時も、僧から再び［A］を受けたので、山すそのあたりで「［B］」を探し回った。

① ［A］に入る最も適切な言葉を、次のア～エから選びなさい。（10点）

ア 厳しい命令　**イ** 同一の指示
ウ 医学的な助言　**エ** 的確な激励

[　　　　]

② ［B］に入る適切な言葉を、本文中から四字で抜き出しなさい。（15点）

[　　　　]

(3) ――線ⓑ「失せたる馬を見付けてけり」とあるが、それができた理由を作者はどのように考えているか。二十字以内で説明しなさい。（20点）

ここをおさえる!

① 「ゐ・ゑ・を」は「い・え・お」に直して読む。
② 古文では，**主語が省略**されていることが多いので注意しよう。
③ 説話では，文章の最後に**教訓**がまとめられていることが多い。

2 次の文章を読んで、あとの問いに答えなさい。〔兵庫—改〕

*四人座を並べて、七日の*無言を始む。*承仕《じようじ》一人を道場に出入しける。

ここに、更《かう》たけ夜ふけて、灯《ともしび》の消えんとしけるを、下座《げざ》の僧、承仕、火かきあげよと言ふを聞きて、次の座の僧、無言の道場にして、もの申す様候《さうら》はずと言ふ。第三座の僧、二人ともにもの言ふこと不思議におぼえて、狂はしたうなと言ふ。上座《じやうざ》の老僧、面々に様はかはれども、もの言ふこと、*あさましくもどかしくおぼえて、*法師《ほふし》ばかりぞものは申さぬと言ひて、うちうなづきける。賢《さかし》げにて殊《こと》に*をこがましくぞおぼゆる。

＊四人座＝四人の僧。　＊無言＝無言でいる修行。
＊承仕＝雑用をする僧。　＊あさましく＝嘆かわしく。
＊法師＝ここでは私。　＊をこがましく＝みっともなく。

(1) ——線部「聞きて」はだれの動作か。最も適切なものを、次の**ア**～**エ**から選びなさい。(20点)　〔　〕

ア 下座の僧　**イ** 次の座の僧
ウ 第三座の僧　**エ** 承仕

重要 (2) この文章の内容に合うものを、次の**ア**～**エ**から選びなさい。(20点)　〔　〕

ア よいことをしようとした下座の僧が、最後は他の三人に注意されてがっかりしている。
イ 自分は正しいことをしたと思っている次の座の僧も、第三座の僧にしかられた。
ウ いかにも立派そうな上座の老僧が、他人の失敗はわかっても、自分の過ちには気付いていない。
エ 修行をしている三人の僧が、わざときまりを破ったので、上座の僧にあきれられている。

確認しよう!

「沙石集《しゃせきしゅう》」は、鎌倉時代後期に無住《むじゅう》によって編纂《へんさん》された仏教説話集である。教訓的なものから世俗的な話まで幅広く収録されている。

第1日

入試実戦テスト

時間 30分
合格 80点
得点 ／100

〔　月　日〕

1 **次の文章を読んで、あとの問いに答えなさい。**

解答↓別冊1ページ 〔群馬―改〕

人毎《ごと》に*失あれども、我《わ》が失は忘れ、人の失は*見ゆるにや。我が面の疵《きず》は見えず、人の疵の*見ゆるが如《ごと》し。鏡を見て我が失を照らすべし。あるは俗書、あるは仏経等を*鏡《かが》み、*知識をもⓐとぶらひ、よき友に近付きて、習ひ学ぶべし。「*上智《じやうち》は教へられず、下愚は移らず。」と云《い》ひて、生まれ付きてよき人は、人の教へを待たず、自《おのづか》ら仁義を守る。*いたつて愚《おろか》なるは、*いかに教ふれども随《したが》はず。中なる人は、縁にあひて悪《あ》しくもなり、良くもなる。ⓑ*かからん人は、よき友を求め、善縁に近付くべし。経に曰《いは》く、「善人と伴ふは、雨露の中を行くに、自ら衣の濡《ぬ》るるが如し。」と。

＊失＝欠点。
＊見ゆるにや＝見えるのだろうか。
＊見ゆるが如し＝見えるようなものである。

＊鏡み＝手本とし。
＊知識＝賢人。
＊上智は教へられず、下愚は移らず＝賢者は教えられることなく、愚者は変わりようがない。
＊いたつて＝非常に。
＊いかに教ふれども随はず＝どれだけ教えても従わない。
＊かからん＝このような。

(1) 【語句説明】――線ⓐ「とぶらひ」の意味として最も適切なものを、次の**ア**～**エ**から選びなさい。(15点)　〔　　〕

ア 避け　**イ** 従え　**ウ** 訪ね　**エ** 用い

(2) 【内容理解】――線ⓑ「かからん人」とは、どのような人のことか。文章中より抜き出しなさい。(15点)

〔　　　　〕

重要

(3) 【内容理解】この文章の内容に合うものを、次の**ア**～**エ**から選びなさい。(20点)　〔　　〕

ア 友人を頼らずに、自分で考えて行動するようにしていると、多くの人から信頼されるものだ。

イ 中くらいの人は、よい友人からさまざまなことを学んだり、影響を受けたりすることで、自分の欠点は改まっていくものだ。

ウ　友人にもさまざまな人がいるが、仁義を守れば、どんな人とも親しくつきあうことができるようになるものだ。

エ　よい友人が自分を支えてくれるおかげで、困難な状況にあっても心配や不安を感じることなく生きていけるものだ。

2　次の文章を読んで、あとの問いに答えなさい。（熊本―改）

鎌倉《かまくら》に、*知音《ちいん》なりける二人の武士あり。共に地蔵を信じて崇《あが》め供養《くやう》しけり。**ア**一人は、*さうがうも整ほらぬ古き地蔵をぞ、花香たてまつりて崇めける。**イ**もう一人は、地蔵をいみじく造り立てて、*厨《づ》子《し》なども美麗に*したてて崇め供養しけり。

ウこの人、先立ちける時、「この知音、地蔵を信ずる人なれば」とて、本尊を譲りてけり。ⓐ喜びて、**エ**今の本尊を崇め供養して、古き地蔵をばかたはらにうち置きて、供養せざりけり。

ある時、夢にこの地蔵、［ⓑ］気色《けしき》にて、

世を教ふ**オ**心は我もあるものをⓒ仮の姿は*さもあらばあれ

かく*うちながめたまふと見て、驚き騒ぎて、一つの厨子に安置して、同じく供養をしけるとぞ。

*知音＝親友。
*さうがうも整ほらぬ＝姿形が整っていない。
*厨子＝仏像を安置する箱。
*したてて＝飾り立てて。
*さもあらばあれ＝たとえどんなふうであったとしても。
*うちながめたまふ＝和歌をお詠みになる。

(1)【動作主】――線ⓐ「喜びて」とあるが、喜んだのはだれか。最も適切なものを、〰〰線**ア**～**オ**から選びなさい。（15点）　［　　］

(2)【空欄補充】［ⓑ］にあてはまる言葉として最も適切なものを、次の**ア**～**オ**から選びなさい。（15点）　［　　］

ア　喜びたる　**イ**　慌てたる　**ウ**　恨みたる
エ　恐れたる　**オ**　笑ひたる

(3)【内容理解】――線ⓒ「仮の姿」は、具体的に何を表しているか。文章中から十三字で抜き出しなさい。（20点）

第2日 よく出る古文 ② 宇治拾遺物語

時間 30分　合格 80点　得点　／100

解答→別冊3ページ

1 次の文章を読んで、あとの問いに答えなさい。〔高知―改〕

後鳥羽院《ごとばのゐん》の御時、*水無瀬殿《みなせどの》に夜《よ》な夜《よ》な山より、傘《からかさ》ほどの物の光りて、御堂《みだう》へ飛び入る事侍《はべ》りけり。*西面《にしおもて》、北面《きたおもて》の者《もの》ども、面々《めんめん》に、「これをⓐ見あらはして、高名《かうみやう》せん」と心にかけて、用心し侍りけれども、むなしくてのみ過ぎけるに、ある夜、*かげかたただ一人、*中嶋《なかじま》に寝て待ちけるに、ⓑ例の光物《ひかりもの》、山より池の上を飛び行きけるに、起きんも*心もとなくて、*あふのきに寝ながら、よく引きて射たりければ、手ごたへして、池へ落ち入る物あり。その後人々にⓒ告げて、火をともして面々見ければ、*ゆゆしく大《おほ》きなるむささびの、*年ふり、毛なども禿《は》げ、しぶとげなるにてぞ侍りける。

*水無瀬殿＝後鳥羽上皇の離宮。
*西面、北面の者＝警備の兵士。
*かげかた＝武士の名前。　*中嶋＝離宮の池にある島。
*心もとなくて＝もどかしくて。
*あふのきに＝あおむけに。
*ゆゆしく＝薄気味悪く。　*年ふり＝年をとり。

---

(1) ――線ⓐ「見あらはして」を現代仮名づかいに直し、すべてひらがなで書きなさい。（10点）
［　　　　］

(2) ――線ⓑ「例の光物」の正体について、文章中から四字で抜き出しなさい。（15点）
［　　　　］

(3) ――線ⓒ「告げて」とあるが、この動作を行った人物として最も適切なものを、次のア～エから選びなさい。（10点）［　　］

ア 後鳥羽院　**イ** 西面、北面の者ども
ウ かげかた　**エ** 筆者

(4) この文章の内容に合うものを、次のア～エから選びなさい。（20点）［　　］

ア 後鳥羽院は、家来に光物を射落とすように命じたが、ある夜、光物は家来の頭上を通過し山の向こうに消え去った。

イ 西面や北面の武士たちは、光物の正体を見破り手柄をたてようとしたが、ある夜、かげかたが光物を射落とした。

ウ かげかたの息子は、光物を見ようと御堂にいたところ、ある夜、光物が飛んできて池に飛び込むところを見た。

ここをおさえる!

① 語頭以外の「はひふへほ」は「わいうえお」に直して読む。
② **助詞が省略**されているときには，適切なものを補って読もう。
③ **登場人物の言動**から，物語の場面を連想しよう。

エ かげかたは、光物を捕らえようと池の中の島で見張っていると、ある夜、光物が襲ってきたので刀で切り落とした。

2 **次の文章を読んで、あとの問いに答えなさい。**（三重）

今は昔、親に孝《けう》する者ア ありけり。朝夕《あさゆう》に木をこりて、親を養ふ。孝養《けうやう》の心、*空に知られぬ。*梶《かぢ》もなき舟に乗りて、むかひの島にイ 行くに、朝《あした》には、南の風吹きて、北の島にウ 吹きつけつ。夕《ゆふべ》には、また舟にエ 木をこり入れてゐたれば、北の風吹きて、家に吹きつけつ。かくのごとくするほどに、年ごろになりて、*おほやけにきこしめして、大臣になして、召し使はる。その名を*鄭大尉《ていたいゐ》とぞいひける。

＊空に知られぬ＝天にいる神に通じた。
＊梶＝舟をこぐ棒。
＊おほやけ＝朝廷。
＊鄭大尉＝中国の歴史上の人物。

(1) 〰〰線**ア**〜**エ**について、主語が他と異なるものを選びなさい。（10点）［　　］

(2) ——線部「おほやけ」を、現代仮名づかいに直しなさい。（15点）［　　］

(3) この文章の内容に合うものを、次の**ア**〜**エ**から選びなさい。（20点）［　　］

ア 木を切って親を養っていた者が、親に楽をさせようと考え、漁に出て激しい嵐に巻き込まれたが大臣に救われた。

イ 木を切って親を養っていた者が、天にいる神の声にしたがい航海に出て、出会った鄭大尉から大臣に任じられた。

ウ 木を切って親を養っていた者の、天にいる神に通じるほどの孝行が、朝廷に伝わり、その者は大臣に任じられた。

エ 木を切って親を養っていた者の造った舟が、朝廷で評判となり、その者は大臣の舟を造るように天に命じられた。

確認しよう!
「宇治拾遺《うじしゅうい》物語」は鎌倉時代初期に成立した説話集である。仏教の話題だけでなく、民間伝承・貴族生活の説話も多い。

第2日

入試実戦テスト

時間 30分　合格 80点　得点　／100

〔　月　日〕

1 **次の文章を読んで、あとの問いに答えなさい。（一部表記を改めたところがある。）**〔富山―改〕

解答↓別冊3ページ

ⓐ今は昔、木こりの、*山守《やまもり》に*斧《よき》を取られて、*侘《わび》し、心憂《こころう》しとⓑ思ひて、頬杖《つらづゑ》突きてをりける。山守見て、「*さるべき事を申せ。取らせん」といひければ、

*悪《あ》しきだになきは*わりなき世間《よのなか》にⓒよきを取られていかにせん

と詠《よ》みたりければ、山守*返しせんと思ひて、「ううう」と呻《うめ》きけれど、*えせざりけり。さて斧返し取らせてければ、ⓓ嬉《うれ》しと思ひけりとぞ。ⓔ人はただ歌を*構へて詠むべしと見えたり。

＊山守＝山の番人。　＊斧＝小形の斧。
＊侘し、心憂し＝困った、情けない。
＊さるべき事＝何か気のきいた歌でも詠むこと。
＊悪しきだに＝粗悪品でさえ。　＊わりなき＝不都合な。
＊返しせん＝返歌を作ろう。　＊えせざりけり＝できなかった。
＊構へて＝いつも心がけて。

---

(1) 【語句説明】――線ⓐ「今は昔」の意味として最も適切なものを、次の**ア**～**エ**から選びなさい。（10点）〔　　〕

ア 今のことか昔のことか定かでないが
イ 今となってはもう昔のことになるが
ウ 今さら昔のことをいうのは奇妙だが
エ 今も昔も変わらないことではあるが

(2) 【動作主】――線ⓑ「思ひて」・ⓓ「嬉しと思ひけり」の主語を、それぞれ文章中から抜き出しなさい。（10点×2）

ⓑ〔　　〕　ⓓ〔　　〕

(3) 【内容理解】――線ⓒ「よき」の言葉には、二通りの意味をもたせる技巧が使われている。一つは斧の意味だが、もう一つの意味として最も適切なものを、次の**ア**～**エ**から選びなさい。（10点）〔　　〕

ア 本来の方法　**イ** 秀逸な和歌
ウ 良質なもの　**エ** 正当なわけ

記述

(4) 【内容理解】――線ⓔ「人はただ歌を……見えたり」とあるが、この文章の場合、歌を詠むことによって、どのような恩恵があったか。現代語で簡潔に答えなさい。（15点）

〔　　〕

2 次の文章を読んで、あとの問いに答えなさい。（山梨―改）

今は昔、*もろこしに、*孔子《こうし》、道を行きたまふに、八つばかりなる童《わらは》ⓐあひぬ。孔子に問ひ申すやう、「日の入る所と*洛陽《らくやう》と、ⓑいづれか遠き。」と。孔子*いらへたまふやう、「日の入る所は遠し。洛陽は近し。」童の申すやう、「日の出《い》で入る所は見ゆ。洛陽はまだ見ず。されば日の出づる所は近し、洛陽は遠しと思ふ。」と申しければ、ⓒ孔子、「かしこき童なり。」と感じたまひける。

*もろこし＝昔の中国の呼び名。
*孔子＝中国の古代の思想家。
*洛陽＝中国の河南《かなん》省の古都。
*いらへたまふやう＝お答えなさることには。

(1) 【内容理解】文章中に「　」でくくった部分が三か所あるが、あと一か所「　」でくくらなければならない部分がある。その部分の初めと終わりの三字を、それぞれ文章中から抜き出しなさい。ただし、句読点も一字とする。（15点）

初め［　　　］　終わり［　　　］

(2) 【動作主】――線ⓐ「あひぬ」の主語として適切な言葉を、文章中から抜き出して書きなさい。（10点）

［　　　　］

記述 (3) 【現代語訳】――線ⓑ「いづれか遠き」を現代語訳しなさい。（10点）

［　　　　］

(4) 【内容理解】――線ⓒ「孔子、『かしこき童なり。』と感じたまひける」とあるが、孔子がこのように感心したのはなぜか。最も適切なものを、次の**ア**～**オ**から選びなさい。（10点）［　　］

ア 子供の考えは事実に反するが、それをいかにも本当のようにいいくるめようとする態度を感じとったから。

イ 子供が年齢のわりにはおとなびた考えをもち、孔子の考えに同感だというような顔つきで肯定したから。

ウ 子供が述べた言葉の中には、孔子の考えの誤りをやさしく指摘する思いやりが感じられたから。

エ 子供が孔子の自信に満ちた答え方に圧倒された様子を見せ、非常にひかえめに意見を述べたから。

オ 子供が自分の目で見た事実に基づいた理由をあげ、年齢に似合わず自らの考えを筋道を立てて述べたから。

[　月　日]

第3日

よく出る古文 ③
古今著聞集

時間 30分　合格 80点　得点 ／100

解答→別冊4ページ

1 **次の文章を読んで、あとの問いに答えなさい。**〔大分―改〕

*挙周朝臣《たかちかあそん》、重病を*うけて、*たのみすくなく見えければ、母*赤染右衛門《あかぞめゑもん》、*住吉にまうでて、*七日籠《こも》りて、「このたびたすかりがたくは、すみやかにわが命に*めしかふべし。」と申して、*七日に満ちける日、御幣《ごへい》のしでに書きつけ侍《はべ》りける、

かはらんと祈る命は惜しからでさても別れんことぞかなしき

*かくよみてたてまつりけるに、*神感《じんかん》やありけん、挙周が病よくなりにけり。母*下向《げかう》して、喜びながらこの様を語るに、挙周いみじく歎《なげ》きて、「われ生きたりとも、母を失ひては何の*いさみかあらん。かつは不孝の身なるべし。」と思ひて、住吉にまうでて申しけるは、「母われにかはりて命終るべきならば、すみやかにもとのごとくわが命をめして、母をたすけさせ給へ。」とⓐ泣く泣く祈りければ、神あはれみて御たすけやありけん、ⓑ母子ともに*事ゆゑなく侍りけり。

*挙周朝臣＝赤染右衛門の息子。
*うけて＝かかって。
*たのみすくなく＝治る見込みが少なく。
*赤染右衛門＝女流歌人。
*住吉＝住吉神社。
*七日籠りて＝七日間こもって祈願をして。
*めしかふべし＝引きかえてください。
*七日に満ちける日＝祈願の最終日。
*かくよみてたてまつりけるに＝このように詠んで差し上げたところ。
*神感＝神の御加護。
*下向＝お参りから帰って。
*いさみかあらん＝生きがいがあろうか。
*事ゆゑなく＝何事もなく。

(1) ――線ⓐ「泣く泣く」とあるが、挙周が泣いたのはなぜか。最も適切なものを、次の**ア**～**エ**から選びなさい。(20点)　〔　　〕

ア 自分を助けたことで母親が重い病にかかったことを、申し訳ないと感じたから。

イ 自分の失敗で母親と離れ離れになってしまうのは、耐えられないと感じたから。

ウ 自分の病のせいで母親を出家させてしまったことを、なさけないと感じたから。

ここをおさえる!

① **登場人物**と**その言動，動作の主**を正しくとらえよう。
② 古文を読むときは，古語はできるだけ**現代語**に置き換えよう。
③ 会話文を読むときには，その**話し手**を考えよう。

エ 自分が生きるために母親の命が奪われることは、受け入れがたいと感じたから。

(2) ——線ⓑ「母子ともに事ゆゑなく侍りけり」とあるが、このような結末になった理由を筆者はどのように推し量っているか。そのことを示す部分を文章中から二つ抜き出し、それぞれ七字と十五字で書きなさい。(20点×2)

・□□□□□□□

・□□□□□□□□□□□□□□□

記述 (3) この文章について、先生とAさん、Bさんは次のような会話をした。これを読んで、あとの問いに答えなさい。

先生　この文章の主題について考えてみましょう。

Aさん　私は、子どもが親を大切にし、よく尽くすという「a行」がこの話の中心だと思います。

Bさん　それもあると思いますが、私は、この話の主題は、親が子どもを思う深い「b」だと思います。

先生　そうですね。親子の深い情愛が和歌や行動から読み取れますね。そうしてみるとあなたたちの発言は、ともに「的をcた」ものと言えるでしょう。

① aに入る最も適切な言葉を、文章中から漢字一字で抜き出しなさい。(15点) □

② bに入る言葉として最も適切なものを、次の**ア**～**エ**から選びなさい。(10点) [　]

ア 自愛　**イ** 博愛
ウ 慈愛　**エ** 敬愛

③ cに入る最も適切な漢字一字を書きなさい。(15点) □

確認しよう!

「古今著聞集《ここんちょもんじゅう》」は、鎌倉時代中期に橘成季《たちばなのなりすえ》が編纂《へんさん》した説話集である。年代順に配列され、平安時代の貴族社会の話題が多く収められている。

第3日 入試実戦テスト

時間 30分　合格 80点　得点 ／100　〔　月　日〕

1 **次の文章を読んで、あとの問いに答えなさい。**　解答↓別冊5ページ　〔鹿児島〕

中納言家成《いえなり》、くろき馬を持ちたりけるを、*武正《たけまさ》しきりにⓐ*こひけるを、「汝《なんぢ》がほしう思ふほどに、われは□思ふぞ。」とて、*とらせざりければ、武正ⓑちからおよばですぐしけるに、雪の降りたりける朝、中納言のもとに*盃酌《はいしやく》ありけるに、武正、御鷹《たか》飼ひにてはべりければ、鳥を枝につけてⓒ持てきたりけり。中納言、*侍をもて「武正はなに色の狩衣《かりぎぬ》に、*いかていなる馬にか乗りたる。」と*見せければ、「*かちかへしの狩衣に、*ことにひきつくろひてはべる不可思議なるにこそ乗りて候《さぶら》へ。」とⓓいひければ、「このうへはちからなし。*かなしうせられたり。」とて、秘蔵のくろ馬を*たまはせてけり。

＊武正＝家成のお供。
＊こひける＝ほしがる。
＊とらせざりければ＝与えなかったので。
＊盃酌＝酒宴。
＊侍をもて＝侍に命じて。
＊いかていなる馬に＝どのような様子の馬に。
＊見せければ＝見に行かせたところ。
＊かちかへし＝全体を深い藍《あい》で染めた色。
＊ことにひきつくろひてはべる不可思議なる＝ことさらに飾り立てている不格好な馬。
＊かなしうせられたり＝見事にしてやられた。
＊たまはせてけり＝お与えになった。

(1) 【仮名づかい】——線ⓐ「こひける」を、現代仮名づかいに直しなさい。（15点）　〔　　〕

(2) 【空欄補充】□に入る言葉の意味として最も適切なものを、次の**ア**〜**エ**から選びなさい。（15点）　〔　　〕

ア 惜しく
イ 悲しく
ウ 嬉しく
エ 誇らしく

(3) 【語句説明】——線ⓑ「ちからおよばですぐしける」の意味として最も適切なものを、次の**ア**〜**エ**から選びなさい。（15点）　〔　　〕

ア 失望して返す言葉もなく気力をなくした
イ 力ずくで馬を奪い取る機会をうかがった
ウ 頼る人もいないのですっかり困り果てた
エ どうしようもなくその場は引き下がった

(4) 【動作主】――線ⓒ「持てきたりけり」・ⓓ「いひければ」の主語の組み合わせとして最も適切なものを、次の**ア〜エ**から選びなさい。(15点)　［　　］

ア ⓒ中納言　ⓓ侍
イ ⓒ武正　ⓓ侍
ウ ⓒ中納言　ⓓ武正
エ ⓒ武正　ⓓ中納言

(5) 【内容理解】次の［　］は、この文章について話し合っている先生と生徒との会話である。これを読んで、あとの問いに答えなさい。

先生「中納言は、なぜ大切な馬を武正に与えたのですか。」
生徒「武正の作戦がうまくいったからだと思います。」
先生「その作戦とはどのようなものでしたか。」
生徒「お供の者である武正が［A］馬に乗ってきて、主人である中納言を慌てさせるというものです。」
先生「なぜ、慌てさせることになるのですか。」
生徒「『お供の者をそのような馬に乗せるなんて、［B］。』と中納言に思わせることになるからです。」
先生「うまい作戦を考えて中納言から馬を手に入れたわけですね。武正はなかなか賢い人だったようですね。」

① ［A］に入る最も適切な言葉を、文章中から六字で抜き出しなさい。(15点)

記述
② ［B］に入る適切な内容を考えて、十五字以内の現代語で書きなさい。(25点)

第4日 よく出る古文 ④ 徒然草

時間 30分　合格 80点　得点 /100

解答→別冊6ページ

1 **次の文章を読んで、あとの問いに答えなさい。**〔愛知—改〕

久しく隔たりてあひたる人の、我が方にありつる事、かずかずに残りなく語りつづくる（ア）こそ、*あいなけれ。隔てなくなれぬる人も、ほどへて見るは、はづかしからぬかは。*つぎさまの人は、*あからさまに立ち出《い》でても、今日ありつる事とて、*息もつぎあへず語り興ずるぞかし。よき人の物語する（イ）は、人あまたあれど、ひとりに向きて言ふ（ウ）を、おのづから人も聞くにこそあれ。よからぬ人は、たれともなく、あまたの中にうち出でて、見ることのやうに語りなせ（エ）ば、皆同じく笑ひののしる、いと*らうがはし。をかしき事を言ひ（オ）てもいたく興ぜぬと、興なき事を言ひてもよく笑ふにぞ、品のほど計られぬべき。

＊あいなけれ＝おもしろくない。
＊つぎさまの＝教養の低い。
＊あからさまに＝ついちょっと。
＊息もつぎあへず＝息をつく間もなく。
＊らうがはし＝騒がしい。

(1) ——線部「はづかしからぬかは」の意味として最も適切なものを、次のア～エから選びなさい。(10点)［　］

ア 恥ずかしい気持ちになる
イ 恥ずかしいのだろうか
ウ 恥ずかしくないだろう
エ 恥ずかしいわけがない

(2) 〰〰線ア～オについて、主語が同じものをすべて選びなさい。(10点)［　］

重要

(3) この文章の内容に合うものを、次のア～エから選びなさい。(20点)［　］

ア 久しぶりに会った人には、自分の最近の様子をできるだけ詳しく話すことが必要である。
イ 教養のある人は、ほんのちょっと外出したときのことでもおもしろく話すことができる。
ウ 人の話を聞いているときは、周りの人の反応に合わせるようにすることが大切である。
エ 教養のある人の話は、それが他の人に向けたものであっても自然と耳を傾けたくなる。

ここをおさえる！

① 意味のわからない言葉が出てきても，本文の＊をヒントに文脈から推測しよう。
② **出来事の場面**とそれを受けた**筆者の考え**とを読み分けよう。

2 **次の文章を読んで、あとの問いに答えなさい。**（兵庫―改）

ある人、弓射る事を習ふに、諸矢《もろや》をたばさみて的に向かふ。師のいはく、初心の人、二つの矢を持つことなかれ。後の矢を頼みて、始めの矢になほざりの心あり。毎度ただⓐ得失なく、この一矢に定むべしと思へといふ。わづかに二つの矢、師の前にて一つをⓑおろかにせんと思はんや。＊懈怠《けだい》の心、みづから知らずといへども、師これを知る。このいましめ、万事にわたるべし。

＊懈怠＝なまけ、おこたること。

(1) 文章中の次の言葉を現代仮名づかいに直し、すべてひらがなで書きなさい。（5点×3）

習ふ［　　］
なほざり［　　］
いふ［　　］

(2) 文章中にある師の言葉の初めと終わりの三字を、それぞれ文章中から抜き出しなさい。（10点）

初め［　　　］　終わり［　　　］

(3) ――線ⓐ「得失なく」の意味として適切なものを、次のア～エから選びなさい。（10点）［　　］

ア 心の平静を失わないで
イ ほめられようなどとは思わないで
ウ 当たり、はずれを考えないで
エ 怠け心を起こさないで

記述
(4) ――線ⓑ「おろかにせんと思はんや」の意味を考えて、次の言葉に続けて空欄に書き入れ、文を完成しなさい。（10点）

［わずかに二本しかない矢なのに、師が見ている前で、その一本を　　　　］

重要
(5) 弓を射るときに必要な心構えを、すべてに通じる心構えになるように言い直して、次の空欄の中の言葉に続けて書きなさい。（15点）

［なにごとにおいても、　　　　］

確認しよう！
「徒然草」は、鎌倉時代後期に兼好法師によって書かれた日本三大随筆の一つである。

入試実戦テスト

時間 30分
合格 80点
得点 ／100

〔　月　日〕

1 次の文章を読んで、あとの問いに答えなさい。〔徳島〕

解答→別冊6ページ

神無月《かみなづき》のころ、栗栖野《くるすの》といふ所を過ぎて、ある山里にⓐたづね入ることはべりしに、はるかなる苔《こけ》の細道を踏み分けて、ⓑ心細く住みなしたるいほりあり。木《こ》の葉にうづもるるかけひ*のしづくならでは、つゆおとなふものなし。閼伽棚《あかだな》*に菊・紅葉《もみじ》など折り散らしたる、さすがに住む人のあればなるべし。

かくてもあられけるよ、とあはれに見るほどに、かなたの庭に、大きなる柑子《かうじ》*の木の、枝もたわわになりたるがまはりをきびしく囲ひたりしこそ、少しことさめて、この木なからましかば、と覚えしか。

＊かけひ＝竹や木を空中にかけ渡して水を引くもの。
＊閼伽棚＝仏前に供える花などを置く棚。
＊柑子＝ミカン科の木。

(1) 【仮名づかい】——線部「囲ひたり」を現代仮名づかいに直し、すべてひらがなで書きなさい。(10点)

〔　　〕

(2) 【動作主】——線ⓐ「たづね入る」とあるが、だれが「たづね入る」のか。最も適切なものを、次の**ア**～**エ**から選びなさい。(10点)　〔　　〕

ア いほりの住人　**イ** 紅葉の持ち主
ウ 隣人　**エ** 作者

(3) 【内容理解】——線ⓑ「心細く住みなしたるいほりあり」について、次の①・②の問いに答えなさい。(10点×2)

① 現代語訳として最も適切なものを、次の**ア**～**エ**から選びなさい。　〔　　〕

ア 厳かな様子で住んでいる静まりかえった家がある
イ もの寂しい様子で住んでいる粗末な家がある
ウ 不気味な様子で住んでいる荒れ果てた家がある
エ 落ち着いた様子で住んでいる古風な家がある

② 「いほり」の周辺から、ある物音だけが聞こえてくる。それは何の音か、文章中から七字で抜き出しなさい。

2 **次の文章を読んで、あとの問いに答えなさい。**〔奈良〕

＊法顕三蔵《ほっけんさんぞう》の、天竺《てんぢく》に渡りて、故郷の扇を見ては悲しび、病に臥《ふ》し□漢の食《じき》を願ひ給《たま》ひけることを聞きて、＊さばかりの人ⓐの、＊むげにこそ心弱き気色《けしき》を、ⓑ人の国にて＊見え給ひけれと人の言ひしに、＊弘融僧都《こうゆうそうづ》、＊優《ゆう》に情《なさけ》ありける三蔵かなと言ひたりしこそ、法師のやうにもあらず、＊心にくく覚えしか。

＊法顕三蔵＝法顕は名前、三蔵は高僧のこと。
＊さばかりの＝それほどの。
＊むげに＝ひどく。
＊見え給ひけれ＝お見せになったものだ。
＊弘融僧都＝作者と同時代の僧。
＊優に情ありける＝やさしく人間味のある。
＊心にくく＝奥ゆかしく。

(1) 【空欄補充】□には、ひらがな二字が入る。文脈を考えて適切なものを、文章中から抜き出しなさい。（10点）

(2) 【内容理解】――線ⓐ「人」とはだれか。また、――線ⓑ「人の国」とはどこか。それぞれ文章中の言葉で答えなさい。（12点×2）

ⓐ〔　　〕
ⓑ〔　　〕

(3) 【内容理解】この文章には、二か所、「　」でくくらなければならないところがある。その部分を文章中から順に抜き出し、初めと終わりの三字をそれぞれ書きなさい。（8点×2）

初め□□□　終わり□□□
初め□□□　終わり□□□

(4) 【内容理解】筆者は、どのようなことについて、「心にくく」思ったのか。次の**ア**～**エ**から選びなさい。（10点）〔　〕

ア 人間味のある弘融僧都に感心した法師たちの態度について。
イ 人間味のある法顕三蔵を賞賛した弘融僧都の態度について。
ウ 人間味のある法顕三蔵に感心した法師でない人たちの態度について。
エ 人間味のある弘融僧都を賞賛した法顕三蔵の態度について。

よく出る古文⑤ 枕草子

［　月　日］

時間 30分　合格 80点　得点 ／100

解答→別冊8ページ

1 **次の文章を読んで、あとの問いに答えなさい。**（北海道―改）

A　笛は横笛いみじうをかし。遠うより聞《きこ》ゆるがやうやう近うなりゆくもをかし。近かりつるが遥《はる》かになりて、いとほのかに聞ゆるもいとをかし。車にても、徒歩《かち》よりも、馬にても、すべて懐《ふところ》にさし入れて持たるもなにとも見えず、*さばかりをかしきものはなし。まして聞き知りたる*調子などは、いみじうめでたし。

B　*笙《さう》の笛は、月の明《あ》かきに車などにて聞き得たる、いとをかし。*所せくもてあつかひにくくぞ見ゆる。さて、吹く顔やいかにぞ。それは、横笛も*吹きなしなめりかし。

*さばかり＝これほど。
*調子＝曲。
*笙＝管楽器の一つ。
*所せく＝大きくて。
*吹きなしなめりかし＝吹き方次第であるようだ。

(1) ――線部「やうやう」を、現代仮名づかいに直しなさい。また、ここでの意味として最も適切なものを、次の**ア**〜**エ**から選びなさい。（10点×2）

ア やっと　**イ** しだいに
ウ ますます　**エ** とうとう

現代仮名づかい［　　］
意味［　　］

(2) AとBの文章を学習した生徒が、横笛と笙の笛に対する筆者の考えを、次のようにまとめた。これを読んで、あとの問いに答えなさい。

横笛	笙の笛
・[a]が変わることにより、[b]が変化するのは趣深い。 ・小さくて身に付けていてもわからないところがよい。	・月の明るい夜に牛車に乗っていて聞こえるのは趣深い。 ・大きくて扱いにくいところがよくない。

① [a]・[b]に入る言葉として最も適切なものを、次の**ア**〜**オ**からそれぞれ選びなさい。（15点×2）

a［　　］　b［　　］

ア 笛の種類　**イ** 笛の吹き方
ウ 笛の音の聞こえ方　**エ** 笛との距離
オ 笛の持ち運び方

ここをおさえる!

① **歴史的仮名づかい**は発音どおりに**現代仮名づかい**に直す。
② 格助詞の「の」は連体修飾の働き以外に，主語を表す場合もある。
③ 現代語と意味の異なる古語はしっかり覚えよう。

② 〰〰線部「身に付けていてもわからない」とあるが、これはどの部分にもとづいてまとめたものか。Aの文章中から二十字以内で抜き出しなさい。（20点）

□□□□□□□□□□□□□□□□□□□□

2 **次の文章を読んで、あとの問いに答えなさい。**〔熊本―改〕

御乳母《めのと》ⓐの＊日向《ひうが》へくだるに、（＊中宮の）賜《たま》はする扇《あふぎ》の、片つかたは日いとうららかにさしたる田舎の館などおほくして、いま片つかたは京のさるべき所にて、雨いみじう降りたるに、

＊あかねさす日にむかひても思ひ出よ
都は晴れぬ＊ながめすらんと

御手にて書かせたまへる、ⓑいみじうあはれなり。さる君を見おきたてまつりてこそ行くまじけれ。

＊日向＝今の宮崎県。
＊中宮＝一条天皇の后。
＊あかねさす＝「日」にかかる枕詞。
＊ながめ＝「長雨」と「物思いに沈むこと」という二つの意味がある。

(1) ――線ⓐ「の」と同じ意味・用法で使われているものはどれか。最も適切なものを、次の**ア**～**エ**から選びなさい。（10点）　［　　］

ア 雨がやむのを待つ。
イ 私の本はこれです。
ウ 今日は兄の帰る日です。
エ サッカーをするのが好きだ。

(2) ――線ⓑ「あはれなり」と思ったのはだれか。最も適切なものを、次の**ア**～**エ**から選びなさい。（20点）　［　　］

ア 一条天皇　**イ** 中宮
ウ 御乳母　**エ** 清少納言

確認しよう!

「枕草子」は、平安時代中期に清少納言によって書かれた随筆である。貴族の宮廷生活を背景に、筆者の持つ「をかし」の美的感覚で描かれている。清少納言は、紫式部と並ぶ平安時代の女流文学者である。

第5日 入試実戦テスト

［　月　日］

時間 30分　合格 80点　得点 ／100

1 **次の文章を読んで、あとの問いに答えなさい。**（山口―改）

解答↓別冊8ページ

ⓐ四月のつごもり、五月のついたちのころほひ、橘《たちばな》の葉の濃く青きに、花のいと白う咲きたるが、雨うち降りたるつとめてなどは、世になうⓑ心あるさまにをかし。花のなかより黄金《こがね》の玉かと見えていみじうあざやかに見えたるなど、朝露にぬれたる朝ぼらけのⓒ桜におとらず。ほととぎすのよすがとさへ思へばにや、ⓓなほさらにいふべうもあらず。

＊黄金の玉＝残っている去年の実を指す。
＊ほととぎすのよすがとさへ思へばにや＝その上、ほととぎすがその身を寄せる木と思うからであろうか。

(1) 【内容理解】――線ⓐ「四月のつごもり、五月のついたちのころほひ」について、次の①・②の問いに答えなさい。

① 具体的に、どの時期にあたるか。最も適切なものを、次のア～エから選びなさい。（10点）［　］

ア 仲春から晩春に移ってゆくころ
イ 晩春から初夏に移ってゆくころ
ウ 初夏から盛夏に移ってゆくころ
エ 盛夏から晩夏に移ってゆくころ

② 「四月」「五月」の陰暦の呼称を、それぞれひらがなで書きなさい。（5点×2）

四月［　］　五月［　］

(2) 【語句説明】――線ⓑ「心ある」の意味として最も適切なものを、次の**ア**～**エ**から選びなさい。（10点）［　］

ア 風情《ふぜい》がある　**イ** 人情が深い
ウ 道理がわかる　**エ** 誠意がある

(3) 【内容理解】――線ⓒ「桜におとらず」の解釈として最も適切なものを、次の**ア**～**エ**から選びなさい。（10点）［　］

ア 桜よりもはるかにすばらしい
イ 桜と同じようにすばらしい
ウ 桜のほうがいっそうすばらしい
エ 桜にとてもおよばない

(4) 【内容理解】――線ⓓ「なほさらにいふべうもあらず（＝もうなんとも言いようもないほどだ）」とあるが、その気持ちを表す形容詞を文章中から抜き出しなさい。（10点）［　］

2 次の文章を読んで、あとの問いに答えなさい。〔沖縄—改〕

春はあけぼの。やうやう白くなりゆく山ぎは、すこしあかりて、紫だちたる雲のほそくたなびきたる。

夏は□。月のころはさらなり、やみもⓐなほ、蛍の多く飛びちがひたる。また、ただ一つ二つなど、ほのかにうち光りて行くもをかし。雨など降るもをかし。

秋は夕暮れ。夕日のさして山の端いと近うなりたるに、からすの寝どころへ行くとて、三つ四つ、二つ三つなど飛び急ぐさへあはれなり。まいて雁などのつらねたるが、いと小さく見ゆるは、いとをかし。日入りはてて、風の音、虫の音などはたいふべきにあらず。

冬はつとめて。雪の降りたるはⓑいふべきにもあらず、霜のいと白きも、またさらでもいと寒きに、火など急ぎおこして、炭もてわたるも、いとつきづきし。昼になりて、ぬるくゆるびもていけば、火《ひ》桶《をけ》の火も白き灰がちになりてわろし。

(1) 【仮名づかい】——線ⓐ「なほ」を、現代仮名づかいに直しなさい。（5点）〔　　〕

(2) 【空欄補充】□にあてはまる言葉として最も適切なものを、次の**ア**〜**エ**から選びなさい。（5点）〔　　〕

ア あさ　**イ** ひる　**ウ** ゆふ　**エ** よる

(3) 【内容理解】——線ⓑ「いふべきにもあらず」のあとに筆者の感想を表している言葉が省略されている。適切な言葉を文章中から三字以内で抜き出しなさい。（10点）

(4) 【内容理解】文章中から、「趣深い」という意味の言葉を二つ抜き出しなさい。（5点×2）〔　　〕〔　　〕

(5) 【内容理解】情緒を感じさせるものを、聴覚でとらえた一文がある。その一文を抜き出し、初めと終わりの三字をそれぞれ書きなさい。句読点も一字とする。（10点）

初め　　終わり

(6) 【内容理解】情緒を感じさせるものとは反対に、興《きょう》醒《ざ》めなものをとらえている一文がある。その一文を抜き出し、初めと終わりの三字をそれぞれ書きなさい。句読点も一字とする。（10点）

初め　　終わり

第6日　よく出る古文⑥ おくのほそ道・その他

時間 30分　合格 80点　得点 /100

解答→別冊10ページ

1 次の文章を読んで、あとの問いに答えなさい。（20点×2）〔群馬―改〕

筆者がこの「平泉」を訪れる約五百年前、この地に藤原清衡《ふじわらのきよひら》・基衡《もとひら》・秀衡《ひでひら》の三代が栄えた。

三代の栄耀《えいえう》一睡のうちにして、大門の跡は一里こなたにあり。秀衡が跡は田野になりて、金《きん》鶏山《けいざん》のみ形を残す。まづ、高館《たかだち》に登れば、北上川南部より流るる大河なり。衣川《ころもがは》は、和泉《いづみ》が城《じやう》をめぐりて、高館の下にて大河にⓐ落ち入る。泰《やす》衡《ひら》らが旧跡は、衣《ころも》が関《せき》を隔てて南部口をさし固め、*夷《えぞ》を防ぐとみえたり。*さても義臣すぐつてこの城にこもり、*功名一時のくさむらとなる。「国破れて山河あり、城春にして草青みたり。」と笠《かさ》打ち敷きて、時のうつるまでⓑ涙を*落としはべりぬ。

夏草や兵《つはもの》どもが夢の跡

（「おくのほそ道」）

*夷＝東方の異民族。
*さても義臣すぐつて＝それにしても忠義な臣を選び。
*功名一時の＝功名を立てたが一時のことで。
*落としはべりぬ＝落としていました。

(1) ――線ⓐ「落ち入る」の主語を一文節で抜き出しなさい。〔　　〕

(2) ――線ⓑ「涙を落としはべりぬ」とあるが、涙を落とした理由として最も適切なものを、次の**ア**～**エ**から選びなさい。〔　　〕

ア 永遠の自然に比べて人の世のはかなさを感じたから。
イ 時が経過して戦いの跡が消滅したのを嘆く気持ちから。
ウ 功名を争って戦った兵たちの勇気に深く感動したから。
エ 人間の命の短さを季節の変化を通してよく知ったから。

2 次の文章を読んで、あとの問いに答えなさい。（20点×3）〔石川―改〕

成通卿《なりみちきやう》、*年ごろ鞠《まり》を好みたまひけり。*その徳や至りにけむ、ある年の春、鞠の精、懸《かか》りの柳の枝にあらはれて見えけり。*みづら結ひたる小児、*十二三ばかりにて、青色の*唐装束《からさうぞく》して、*いみじくうつくしげにぞありける。なにごとを

ここをおさえる！

① 登場人物の言動や描かれている情景から，心情を読み取ろう。
② 会話文のあとには「言う」「申す」など以外に，「**と**」「**とて**」が続くことも多い。

も始むとならば、底*をきはめて、かやうのしるしをもあらはすばかりにぞ、せまほしけれ*ど、かかるためし、いとありがたし*。

されば、「学ぶ者は牛毛のごとし。得る者は*麟角《りんかく》のごとし」ともあり。（十訓抄《じっきんしょう》）

*年ごろ＝長年。
*その徳や至りにけむ＝そのおかげであったのだろうか。
*みづら結ひ＝少年の髪型。
*十二三ばかり＝十二、三歳ほど。
*唐装束して＝中国風の服装で。
*いみじく＝たいそう。
*底＝極意。
*せまほしけれど＝したいものであるが。
*いとありがたし＝めったにない。
*麟角＝麒麟《きりん》の角。

(1) 第一段落を内容の上から二つに分ける場合、どこで区切るのが適切か。後半部の初めの五字を抜き出しなさい。

□□□□□

(2) 次の会話は、本文について話し合った内容の一部である。これを読んで、次の問いに答えなさい。

美子　成通について調べてみると、二千日も連続して蹴鞠を行ったと書いてあったよ。
和夫　そこまで打ち込むって、すごいことだね。
美子　うん。[A]も、「かかるためし、いとありがたし」と言っているね。
和夫　でも、最後の一文がよくわからないな。
美子　学ぼうとする人は、牛の毛のようにたくさんいるけれど、懸命に打ち込んで[B]人は、麒麟の角のようにめったにいないという意味の格言なんじゃないかな。

① [A]に入る言葉として最も適切なものを、次の**ア**～**エ**から選びなさい。［　］

ア 成通　**イ** 鞠の精　**ウ** 小児　**エ** 筆者

（記述）② [B]に入る適切な内容を、現代語で書きなさい。

［　　　　　］

確認しよう！

「おくのほそ道」は、江戸時代に松尾芭蕉《まつおばしょう》によって書かれた紀行文である。俳句と俳文で構成されている。

第6日

入試実戦テスト

時間 30分
合格 80点
得点 ／100

［　月　日］

1 次の文章を読んで、あとの問いに答えなさい。（島根—改）

解答→別冊10ページ

もろこしの国に、むかし孫康《そんかう》といひける人は、い*たく学問を好みけるに、家貧しくして、油をえ買*はざりければ、夜は雪のひかりにてⓐふみを読み、また同じ国に車胤《しやいん》といひし人も、いたくふみ読むことを好みけるを、これも同じやうにいと貧しくて、油をえ得*ざりければ、夏のころは蛍をあつめてなむ読みける。ⓑこの二つの故事は、いといと名高くして、知らぬ人なく、ⓒうたにさへおほくよみけり。今思ふに、これらもⓓかの国人《くにびと》の、例の名をむさ*ぼりたるつくりごとにぞありける。

（「玉勝間《たまかつま》」）

＊いたく＝たいそう。
＊え買はざりければ＝買うことができなかったので。
＊え得ざりければ＝手に入れることができなかったので。
＊名をむさぼりたる＝しいて名声を追い求めた。

(1) 【語句説明】——線ⓐ「ふみ」の意味として最も適切なものを、次のア～エから選びなさい。（10点）［　　］
ア 手紙　**イ** 和歌　**ウ** 日記　**エ** 書物

(2) 【語句説明】——線ⓑ「この二つの故事」をもとにできた故事成語がある。文章中の漢字を用いて故事成語を完成させ、その意味を簡潔に答えなさい。（10点×2）
故事成語［　　　］の功
意味［　　　］

(3) 【仮名づかい】——線ⓒ「うたにさへおほくよみけり」を現代仮名づかいに直し、すべてひらがなで書きなさい。（10点）
［　　　］

(4) 記述 【内容理解】——線ⓓ「かの国人」とは、どこの国の人か。文章中の言葉を使って答えなさい。（10点）
［　　　］

2 次の文章を読んで、あとの問いに答えなさい。（秋田）

孟宗《まうそう》は、いとけなくして父におくれ*、一人の母を養へり。母年老いて、つねに病みいたはり、食の味はひも、度《たび》ごとに変《かは》りければ、ⓐよしなきもの*を望めり。冬のことなるに、竹の子をほしく思へり。すなはち、孟宗、竹林に行き求むれども、雪深き折なれば、ⓑなどかたやすく得《う》べき。「ひとへに、＊天道《てんたう》の御あはれみを頼み奉《たてまつ》る」とて、祈りをかけて、おほきに悲しみ、竹に寄り添ひけるところに、にはかに大地開けて、竹の子あまた生ひ出《い》で侍《はべ》りける。おほきに喜び、すなはち取りて帰り、＊あつものにつくり、母に与へ侍りければ、母、これを食して、そのまま病もいえて、齢《よはひ》を延べたり。ⓒこれ、ひとへに、孝行の深き心を感じて、天道より与へ給《たま》へり。

（「御伽草子《おとぎぞうし》」）

＊おくれ＝先立たれ。
＊よしなきもの＝求めるすべもないもの。
＊天道＝万物を支配する神。
＊あつもの＝菜・肉などを入れて作った熱い吸い物。

(1) 【内容理解】――線ⓐ「よしなきものを望めり」とは、どのようなことを指すか。次の文の内容が正しくなるように、A・Bにあてはまる言葉を、文章中から抜き出しなさい。（5点×2）

孟宗のAがBなのに竹の子を食べたがったこと。

A［　　］　B［　　］

(2) 【語句説明】――線ⓑ「などかたやすく得べき」の意味として最も適切なものを、次のア～エから選びなさい。（10点）　［　　］

ア どうしてたやすく得られるだろうか。いや、得られない
イ どうしたらたやすく得られるだろうか
ウ どうした訳か、たやすく得てしまった
エ どうしてもたやすく得たいのだった

(3) 【内容理解】――線ⓒ「これ……与へ給へり」について、次の①・②の問いに答えなさい。（10点×3）

① 天道が直接与えたものを、文章中の一語で書きなさい。
［　　］

記述 ② ①で答えたものの他に、天道が結果としてもたらしたことが二つある。それぞれを「～こと」に続くように、十字以内で書きなさい。

□□□□□□□□□□こと
□□□□□□□□□□こと

第7日 和歌・俳句

［　月　日］

時間 30分
合格 80点
得点 ／100

解答→別冊12ページ

1 **次の文章を読んで、あとの問いに答えなさい。**（愛媛―改）

（芭蕉《ばしょう》の弟子・宝井其角《たからいきかく》は、ある侯（大名）から画幅（掛け軸にしてある絵画）を見せられる。画幅には、芭蕉の俳句が書かれていた。）

しら露《つゆ》をこぼさぬ萩《はぎ》のうねり哉《かな》

と読み下して、其角ことさらに感じ入りたる体《てい》にて、小首かたぶけてしばし沈吟しけるが、何思ひけむ、側《そば》の硯《すずり》なる筆押し取り、しら露をの五文字を＊抹却して、月影をと書き改めけり。侯殊の外に御＊不興に見えさせたまへば、＊近習《きんじゅ》の人々もその失礼を怒れども、其角自若として、少しも屈する色なかりしかば、今は＊せんすべなくて、彼は性質ものぐるほしければなどと言ひこしらへる者の有りて、御前を＊まかでぬ。さて、後に芭蕉を召されて、右の話を語らせたまへば、芭蕉常よりも心よげに、画幅を開きうちほほゑみながら、筆をそめて月影をといへる傍《そば》に、この五文字其角が妙案と書きそへてければ、侯も御気色《けしき》なほらせたまひしとぞ。この一幅、今に芭蕉其角の＊反古《ほご》の画幅とて、かの御家の重宝の一つなりとかや。

（「燕居雑話《えんきょざつわ》」）

＊抹却＝消すこと。　＊不興＝機嫌を損ねること。
＊近習＝主君の近くに仕える者。　＊せんすべなくて＝どうしようもなくて。
＊まかでぬ＝退出した。　＊反古＝書き損じ。

(1) ――線部「彼」とあるが、だれのことか。本文中から抜き出して答えなさい。（15点）［　　］

(2) ══線部について、次の問いに答えなさい。

① この俳句は、いつの季節を詠《よ》んだものか。漢字一字で答えなさい。（10点）□

② 表現についての説明として最も適切なものを、次の**ア**～**エ**から選びなさい。（15点）［　　］

ア「しら露」は「萩」をたとえたものである。
イ「こぼさぬ」は「こぼれた」という意味である。
ウ「こぼさぬ」の主語は「しら露」である。
エ「哉」は感動の気持ちを表している。

(3) この文章の内容として最も適切なものを、次の**ア**～**エ**から選びなさい。（20点）［　　］

ア 其角は画幅をけなして侯の怒りを買った。
イ 侯は其角の振る舞いに深く感心した。
ウ 其角は芭蕉の俳句の一部を書き改めた。
エ 芭蕉は其角の振る舞いを侯にわびた。

ここをおさえる!

① 古典に頻出の短歌や俳句は，できるだけたくさん覚えよう。
② 「**句切れ**」「**季語**」「**切れ字**」「**表現技法**」などから，作者の感動の中心をとらえよう。

2 **次の文章を読んで、あとの問いに答えなさい。**〔静岡〕

昔、*殿上の男子《をのこ》ども、花見むとて、*東山に*おはしたりけるに、にはかに心なき雨の降りて、人々、逃げ騒ぎたまへりけるが、*実方《さねかた》の中将、*いと騒がず、木の下に寄りて、

　桜がり雨は降りきぬ*同じくは濡るるとも花の陰に暮らさん

と詠みて、かくれたまはざりければ、花より漏り下る雨に*さながら漏れて、*装束しぼりかねはべり。このこと、興あることに、人々、思ひ合はれけり。

*殿上の男子ども＝平安時代に宮中の殿上の間に仕えた貴族たち。
*東山＝京都市にある丘陵。
*おはしたりけるに＝いらっしゃったときに。
*実方の中将＝歌人（?—九九八）　*いと＝たいして。
*同じくは＝同じことならば。　*さながら＝すっかり。
*装束しぼりかねはべり＝衣服もびしょぬれになってしまった。

(1) 「桜がり雨は降りきぬ……花の陰に暮らさん」の歌に込められている気持ちとして、最も適切なものを、次の**ア**～**エ**から選びなさい。（20点）〔　　〕

ア 春の雨ならぬれてもよい、という気持ち。
イ 花の陰なら雨にもぬれまい、という気持ち。
ウ もう一度花を見に来よう、という気持ち。
エ 花とともに時を過ごしたい、という気持ち。

記述
(2) ——線部「このこと」は、どのようなことを指しているか。その内容を三十字以内で答えなさい。（20点）

確認しよう!

◎俳句は五七五の十七音からなり、ふつう「季語」が詠み込まれる。
※「切れ字」を使うことで、強調や詠嘆を示す。
例 ぞ・や・か・かな・けり・なり
◎短歌は五七五七七の三十一音からなる。この原則から字数が不足するものを「字足らず」、余るものを「字余り」という。
※枕詞《まくらことば》…特定の言葉につき、調子を整える。
例 あおによし・あしひきの・たらちねの
※掛詞…一つの言葉に二つの意味をもたせる。
例 はる（張る・春）・あき（秋・飽き）

第7日 入試実戦テスト

［　月　日］

時間 30分　合格 80点　得点 ／100

1 **次の文章を読んで、あとの問いに答えなさい。**（大阪―改）

解答→別冊12ページ

今は昔、二月《きさらぎ》*つごもり、風*うち吹き、雪*うち散るほど、*公任《きんたふ》の、*宰相《さいしやう》の中将《ちゆうじやう》*と聞こえけるとき、清《せい》少納言《せうなごん》がもとへ*懐紙《くわいし》に ⓐ書きて、

少し春ある*心地《ここち》こそすれ

とありけり。げに今日のけしきにいとよく ⓑあひたるを、ⓒいかが付くべからむと思ひわづらふ。

*空さえて花にまがひて散る雪に

と、めでたく ⓓ書きたり。いみじくほめ給《たま》ひけり。

（「古本説話集《こほんせつわしゆう》」）

＊つごもり＝末日。

＊うち吹き＝さっと吹き。

＊うち散るほど＝ちらつくころ。

＊公任＝藤原公任《ふじわらのきんとう》。詩歌や音楽に才能を発揮した人物。

＊宰相の中将＝平安時代の官職名。

＊と聞こえけるとき＝と人々がお呼びしていた時。

＊懐紙＝ふところに入れた紙。

＊心地こそすれ＝感じがすることだ。

＊さえて＝寒々として。

(1) 【動作主】――線ⓐ・ⓓ「書き」の動作を行っている人物の組み合わせとして最も適切なものを、次の**ア**～**エ**から選びなさい。（10点）［　］

ア ⓐ 清少納言　ⓓ 公任

イ ⓐ 公任　ⓓ 公任

ウ ⓐ 清少納言　ⓓ 清少納言

エ ⓐ 公任　ⓓ 清少納言

(2) 【仮名づかい】――線ⓑ「あひたる」を、現代仮名づかいに直しなさい。（5点）［　］

(3) 【内容理解】短歌では「五七五七七」の「五七五」の部分が「上《かみ》の句」と呼ばれ、「七七」の部分が「下《しも》の句」と呼ばれる。この文章中では、下の句が先によまれ、上の句があとから付けられている。次の①・②の問いに答えなさい。（15点×2）

① ――線ⓒ「いかが付くべからむ」の意味として最も適切なものを、次の**ア**～**エ**から選びなさい。［　］

ア いつになったら上の句を付けるのだろう。

イ どのように上の句を付ければよいのだろう。

ウ どうして上の句を付けさせてくれないのだろう。

エ だれがいったい上の句を付けてくれるのだろう。

記述
② 文章中の和歌の上の句では、あるものを別のものに見立てているが、何を何に見立てているか。それぞれの様子にもふれて説明しなさい。

［　　　　］

2 **次の文章を読んで、あとの問いに答えなさい。**（千葉―改）

代々の賢き人々も、故郷《ふるさと》はわすれがたきものにおもほえ侍《はべ》るよし。ⓐ我今は*はじめの老いも四とせ過ぎて、何事につけても昔のなつかしきままに、*はらからのⓑあまたよはひかたぶきて侍るも見捨てがたくて、初冬の空のうちしぐるるころより、ⓒ雪を重ね霜を経て、師走の末*伊陽《いやう》の山中に至る。なほ父母の*いまそかりせばと、慈愛のむかしも悲しく、おもふ事のみあまたありて、

［　］や*臍《へそ》の緒に泣くとしのくれ　芭蕉

（「歳暮《せいぼ》」）

*はじめの老い＝初老。四十歳のこと
*はらから＝兄弟姉妹。
*伊陽＝伊賀。芭蕉の郷里。
*いまそかりせばと＝生きていらっしゃったならばと。
*臍の緒＝へその緒は紙に包み、生年月日、姓名などを記し、生家に保存された。

(1) 【内容理解】――線ⓐ「我」とはだれのことを指しているか。文章中より抜き出して書きなさい。（10点）

［　　　　］

(2) 【動作主】――線ⓑ「あまたよはひかたぶきて」の主語はだれか。文章中より抜き出して書きなさい。（10点）

［　　　　］

(3) 【内容理解】――線ⓒ「雪を重ね霜を経て」とはどんなことを表すか。次の**ア**～**エ**から選びなさい。（15点）

ア 雪の日も霜の日もつらい旅を続けて
イ 雪や霜のある寒い日を避けて
ウ 雪や霜の美しい景色を俳句にして
エ 雪や霜の寒さに耐えて

［　　］

(4) 【空欄補充】［　］に入る適切な言葉を、文章の「代々の賢き人々……山中に至る。」までの中から抜き出しなさい。（20点）

［　　　　］

[　月　日]

第8日　漢詩・漢文

時間 30分　合格 80点　得点　／100

解答→別冊14ページ

1 **次の文章を読んで、あとの問いに答えなさい。**（秋田—改）

李白乗舟将欲行
忽チ聞ク岸上踏歌ノ声
桃花潭水深サ千尺
不レ及バ汪倫送ルノレ我ヲ情ニ

＊汪倫《おうりん》に贈る　李白

李白舟に乗つて将《まさ》に行かんと欲す
忽《たちま》ち聞く岸上踏歌の声
＊桃花潭《たん》水深さ千尺
及ばず汪倫我を送るの情に

＊汪倫＝李白の友人。
＊桃花潭＝川の名称。

(1) 書き下し文を参考にして、——線部の句に送り仮名と返り点をつけなさい。（15点）

李　白　乗　舟　将　欲　行

記述

(2) 次の文は、この漢詩の内容について説明したものである。作者が何に感動したかがわかるように、[　]にあてはまる内容を二十字以内で書きなさい。（20点）

この漢詩の感動の中心は、桃花潭の水深にくらべて[　]に対する感謝の思いである。

2 **次の文章を読んで、あとの問いに答えなさい。**（豊島岡女子学園高—改）

春三月、杜甫《とほ》が長安《ちょうあん》で詠《よ》んだ詩が「春望」である。

① 国破レテ山河在リ　② 城春ニシテ草木深シ
③ 感時花濺涙　④ 恨ンデハレ別レヲ鳥ニモ驚カスレ心ヲ
⑤ 烽火連ナリ二三月ニ一　⑥ ＊家書抵ル二万金ニ一
⑦ 白頭掻ケバ更ニ短ク　⑧ 渾ベテ欲スレ不ラントレ勝ヘレ簪ニ

① 国破れて山河在《あ》り
② 城春にして草木深し

ここをおさえる!

① 漢詩の形式は四句が「**絶句**」・八句が「**律詩**」, 五字が「**五言**」・七字が「**七言**」である。
② 返り点は, **レ点→一・二点→上・下点**の順に読んでいく。

③ 時に感じては花にも涙を濺《そそ》ぎ
④ 別れを恨んでは鳥にも心を驚かす
⑤ [　　　　]
⑥ 家書万金《ばんきん》に抵《あた》る
⑦ 白頭掻《か》けば更に短く
⑧ 渾《す》べて簪《しん》に勝《た》へざらんと欲す

都はうち破られてしまったが、山や河はもとのままの姿である。城内にはまた春がめぐってきて、草や木が青々と繁っている。この時勢が悲しくて、いつもなら心がなごむはずの花を見ても涙がこぼれ、家族と別れ別れになっていることが恨めしくて、いつもなら心が浮きたつはずの鳥のさえずりを聞いても胸さわぎがする。いくさは春三月になってもやまず、[　　　　]。白髪頭は掻くたびに毛が短くなって、これでは仕官をして冠をかぶっても、それをとめるかんざしをさすこともできないだろう。

＊家書＝家からの手紙。

(1) 書き下し文を参考にして、③の句に送り仮名と返り点をつけなさい。(15点)

感 時 花 濺 涙

(2) ⑤の句を書き下し文に直しなさい。(15点)

[　　　　]

(3) 漢詩①～⑧の句のうちで、途中で内容の変化が見られる。それはどこか。変化したすぐあとの句の記号を答えなさい。(15点)

[　　]

記述

(4) ⑥の句を現代語訳しなさい。(20点)

[　　　　]

確認しよう!

漢詩の種類には、「五言絶句」「七言絶句」「五言律詩」「七言律詩」がある。絶句は、「起句・承句・転句・結句」の四句からなり、律詩は八句からなる。

※訓点のきまり
①送り仮名は、漢字の右下につけるかたかなのこと。
②返り点は、漢字の左下につける、読む順番のこと。
例 レ点、一・二点、上・下点などがある。

第8日

入試実戦テスト

時間 30分
合格 80点
得点 ／100

［　月　日］

1 次の文章を読んで、あとの問いに答えなさい。

解答↓別冊14ページ
（15点×4）
（愛知―改）

【書き下し文】

＊呂蒙正《りよもうせい》、人のⓐ過《あやま》ちを記するを喜ばず。初めて＊参知政事として朝堂に入りしとき、朝士あり、簾《れん》内においてこれを指して曰《い》はく、「この小子もまた参政か。」と。蒙正佯《いつは》りて聞かざるまねしてこれを過ぐ。その同列怒りて、その官位姓名をなじらしむ。蒙正遽《には》かにこれを止《とど》む。朝を罷《や》め、同列なほⓑ平らかなることあたはずして、窮問せざりしを悔《く》ゆ。蒙正曰はく、「もし一たびその姓名を知らば、すなはち終身また忘るることあたはざらん。ⓒまことに知ることなきにしかざるなり。かつ、これを問はざるもなにをか損ぜん。」と。ときにみなその量に服せり。

（「宋名臣言行録《そうめいしんげんこうろく》」）

＊呂蒙正＝宋代の人物。
＊参知政事＝副宰相のこと。執政。

【現代語訳】

呂蒙正は、人のあやまちを心にとめることを好まなかった。初めて執政に登用されて宮廷入りしたときのこと、ある宮廷役人がいて、簾《すだれ》のかげから蒙正を指さして、「こんな男でも執政なのか。」と言った。蒙正は聞こえないふりをして通り過ぎた。そこにいっしょにいた同僚はおさまらなくて、その役人の官職名と氏名を問いただそうとした。蒙正はすぐに押しとどめた。宮廷を退出した後も、その同僚はまだ腹の虫がおさまらず、ただ問いつめなかったことを後悔した。蒙正は、「もし相手の名を知ってしまえば、生涯忘れられなくなるだろう。［ⓓ］。また、相手を問いつめなかったからといって別にこちらが損をするわけでもあるまい。」と言った。この話が伝わってみな蒙正の度量の広さに敬服した。

(1) 【内容理解】――線ⓐ「過ち」と同じ意味をもつ漢字を用いた言葉を、次のア～エから選びなさい。［　　］

ア 通過して　**イ** 過度な
ウ 過激に　**エ** 大過なく

(2) 【現代語訳】――線ⓑ「平らかなることあたはずして」という言葉を現代語訳ではどのようにいっているか。現代語訳中から九字で抜き出しなさい。

重要
(3) 【現代語訳】――線ⓒ「まことに知ることなきにしかざるなり」の現代語訳として ⓓ にあてはまる最も適切なものを、次のア～エから選びなさい。［　　］

ア すべて知らなければならないのだ
イ かえって知らないほうがよいのだ
ウ 知っているかのようにふるまおう
エ 真実を知ったらそれでよいだろう

(4) 【内容理解】この文章に描かれている呂蒙正の人物像の説明として最も適切なものを、次のア～オから選びなさい。［　　］

ア いつも努力を怠らずに、前向きに政治に取り組んでいく人物。
イ 人の欠点を見つけて、それを徹底的に攻撃しようとする人物。
ウ 人の長所を積極的に見つけ、明るい接し方で元気づける人物。
エ 物事を細かく観察し、緊急の際には冷静な判断ができる人物。
オ 物事の大小にこだわらず、寛容な心をもった器の大きな人物。

---

2 **次の文章を読んで、あとの問いに答えなさい。**

〔漢文〕
子曰《い》ハク、「学ビテ而不《ざ》レバレ思*ハ則《すなは》チ*罔《くら》シ。思ヒテ而不レバレ学バ則チ*殆《あやふ》シ。」

〔書き下し文〕
子曰《い》はく、「学びて思はざればすなはち罔《くら》し。思ひて学ばざればすなはち殆《あやふ》し。」

＊思＝考える。
＊罔＝道理を明確に理解できない。
＊殆＝危険である。

(1) 【基本知識】これは孔子の言葉だが、孔子やその門人たちとの言行をまとめた書物を何というか。漢字二字で答えなさい。(15点)

記述
(2) 【内容理解】この言葉は学問についての教えだが、結局どうすべきだといっているのか書きなさい。(25点)

［　月　日］

第9日 古典文法 ①

時間 20分　合格 80点　得点 ／100

解答→別冊15ページ

試験に出るポイント

1 仮名づかいの違いを知ろう

(1) 歴史的仮名づかいとは、平安時代頃の発音をもとにした仮名づかいである。

(2) 現代仮名づかいにないもの

ゐ…ゐる→［①　　］　ゑ…こゑ→こえ

(3) ハ行の音がワ行の音になるもの

は…きはめて→［②　　］　ひ…思ひ→思い

ふ…言ふ→［③　　］　へ…さへ→さえ

ほ…なほ→なお

(4) 同音の仮名に変わるもの

を…をかし→［④　　］

ぢ…閉ぢる→閉じる　づ…はづかし→はずかし

(5) 「ア段＋う」が「オ段＋う」、「イ段＋う」が「イ段＋ゅ＋う」、「エ段＋う」が「イ段＋ょ＋う」になるもの

せうと→しょうと　さうらう→［⑤　　］

2 用言の活用形を理解しよう

(1) 口語動詞と同じように六つに分類される。

(2) 文語には「仮定形」はなく、口語にはない「［⑥　　］」があり、確定条件を表す。

(3) 仮定条件は、「［⑦　　］形＋バ」で表す。

3 各活用の特徴をとらえよう

基本形	語幹	語尾 未然形	語尾 連用形	語尾 終止形	語尾 連体形	語尾 已然形《いぜんけい》	語尾 命令形	活用の種類
泳ぐ	泳	が	ぎ	ぐ	ぐ	げ	げ	四段活用
死ぬ	死	な	⑧	ぬ	ぬる	ぬれ	ね	ナ行変格活用
あり	あ	⑨	り	り	る	れ	れ	ラ行変格活用
蹴《け》る	（蹴）	け	け	ける	ける	けれ	けよ	下一段活用
見る	（見）	み	み	みる	みる	みれ	みよ	上一段活用
起く	起	き	き	く	⑩	くれ	きよ	上二段活用
受く	受	け	け	⑪	くる	くれ	けよ	下二段活用
来《く》	（来）	こ	⑫	く	くる	くれ	こ こよ	カ行変格活用
す	（す）	せ	し	す	する	すれ	⑬	サ行変格活用
おもな続く言葉		ず む	たり て	らし	―	ども	○	

ここをおさえる!

① 「**ぢ・づ**」は「**じ・ず**」に直して読む。
② 「**au・iu・eu・ou**」は「**ô・yû・yô・ô**」に直す。
③ 文語動詞の**活用の種類**と**活用形**を覚えておく。

1 **次のそれぞれの文の――線部を現代仮名づかいに直し、すべてひらがなで書きなさい。**

(1) この人、大将として出陣するたびごとに、まづかねてその下《した》にしたがへる諸司《しょし》をよび集め、饗応《きやうおう》して、このたびの戦ひ、敵に勝ちぬべき手立てをたづね、……。（12点）〔岩手〕

(2) 東山黒谷《ひがしやまくろだに》の辺に畑をうつに、となりの百姓通《とほ》りあはせ、「これは何をまくぞ」といふに、かのはたうち小手《こで》まねきして、ああ声が高いぞ、低う低うといふ。（11点）〔山梨〕

(3) ある人の草の戸を訪ねはべりけるに、よそに出でけるよしにて、年老いたる男のひとり留守《るす》を守りゐけるに、垣根《かきね》の梅さかりなりけるを、……。（11点）〔栃木〕

(4) しかれば、すなほなる人は、歌の心もすなほに、かたくななるは、歌にもその色の現はるるなり。（11点）〔福岡〕

(5) かせ者まはりて、「備前《びぜん》より今夜、そこにべ殿お越しにて候ふ。今朝ふるまひあり。出仕あれ。」とぞ申しける。（11点）〔福島〕

(6) 主を呼びて、返し取らせたりければ、人これを聞きて、おほきにうやまひけり。（11点）〔群馬〕

(7) かまきりこれを見つけて、かのせみをとらんとて、ひぢをいからし、口わきをうごかして、ねらひよる所に、……。（11点）〔千葉〕

(8) 右手に蛇をゑがきていはく、「吾よくこれが足を為《な》さん。」と。（11点）〔石川〕

(9) やむごとなき人のもとに、新しくつかうまつる侍出《い》で来にけり。（11点）〔愛媛〕

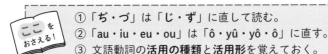

入試実戦テスト

時間 30分
合格 80点
得点 ／100
［　月　日］

1 **次の文章を読んで、あとの問いに答えなさい。**

解答→別冊16ページ
（國學院高―改）

ある人大仏殿を拝みて帰《かへ》さに、あたりなる商人《あきびと》の家に立ち寄りて、*家づとにもちひⓐ買はばやとて見るに、いとささやかなりければ、「*いかでこのもちひ世の常にも似ず、あさましく作りしぞ」と言へば、「このもちひ［A］。しかのたまふは、*一定《いちぢやう》大仏殿を拝みたまへるなるべし。かの大きなるみ仏を拝したまへる目移しには、よろづの物みなささやかにこそ見ゆれ」と言へば、「*げにさることあるべし」とて、もちひをふところに入れて、一、二町歩みける。道のかたはらに、ⓑ*かぶろなるみどりごの、人のⓒ*捨てたるにや、*すずろにねぶりゐたるを見て、あないとほし、母に添ひ寝の*夢見るにこそと、あはれがりてかきいだきて、また四、五町ばかり歩みけるが、あまりに重くて困《こう》じにたれば、*しばしいこはんとて、かきおろして顔をまもり見れば［B］*かたゐの尼にてありけるとぞ。

（「しみのすみか物語」）

*家づとにもちひ買はばや＝家へのみやげにもちを買おう。
*いかで＝どうして。　*一定＝きっと。
*げにさることあるべし＝なるほどそういうこともあるだろう。
*かぶろなるみどりご＝おかっぱ髪の幼児。
*捨てたるにや＝捨てたのであろうか。　*すずろに＝正体もなく。
*夢見るにこそ＝夢を見ているのだろうか。
*しばしいこはん＝しばらく休もう。　*かたゐ＝こじき。

(1) 【文法理解】――線ⓐ「買は」・ⓒ「捨て」の動詞の、口語と文語における活用の種類を答えなさい。（それぞれ何行何段活用かを答える）（5点×4）

ⓐ口語［　］　文語［　］
ⓒ口語［　］　文語［　］

(2) 【空欄補充】［A］・［B］に入る言葉の意味として最も適切なものを、次の**ア**～**ウ**からそれぞれ選びなさい。（10点×2）A［　］　B［　］

A　**ア** 小さい　**イ** ふつうだ　**ウ** まずい
B　**ア** 年とった　**イ** 若い　**ウ** みすぼらしい

(3) 【内容理解】――線ⓑ「かぶろなるみどりごの」は直接どの言葉にかかるか。次の**ア**～**オ**から選びなさい。（10点）［　］

ア 人の捨てたるにや　イ すずろに
ウ ねぶりゐたるを　エ 見て　オ あないとほし

2 **次の文章を読んで、あとの問いに答えなさい。**〔福岡—改〕

子ども、喧嘩《けんくわ》口論して*ひしめくによりて、父、すべきやうもなかりけり。ある時、父、男を呼びて、「樹《き》の枝を数多《あまた》集めて持ちて来よ」と言ひけり。その枝受け取りて、数多を一つにして、縄を以《もつ》て堅く巻きたてけり。子ども一所《ひとところ》につどひけるに、おのおのに渡して、父、ただ一人にてこれを折れと言ふ。力を尽くして折りてみれども、少しもかなはざりけり。その後、父、縄を解き、一枝づつ*面々《めんめん》に渡しければ、*ことも無く折りけり。それを見て、父、「面々もその如《ごと》く、一人づつの力は弱くとも、志を合はするに於《お》いては、*難に取りひしがるることあるまじきぞ」と言ひけり。

（「伊曾保物語《いそほものがたり》」）

*ひしめく＝騒ぎ立てる。　*面々＝一人一人。
*ことも無く＝たやすく。
*難に取りひしがるる＝困難に押しつぶされる。

(1)【文法理解】——線ⓐ「来よ」・ⓔ「見」の活用形を、次のア〜カから選びなさい。（8点×2）
ⓐ［　　］　ⓔ［　　］

ア 未然形　イ 連用形　ウ 終止形
エ 連体形　オ 已然形　カ 命令形

(2)【動作主】——線ⓑ「巻きたてけり」の主語を、文章中から抜き出しなさい。（8点）
［　　］

(3)【仮名づかい】——線ⓒ「つどひけるに」を、現代仮名づかいに直しなさい。（8点）
［　　］

(4)【内容理解】文章中にもう一か所「　」でくくることのできる部分がある。その部分を抜き出し、初めと終わりの三字をそれぞれ書きなさい。（10点）

初め［　　］　終わり［　　］

(5)【語句説明】——線ⓓ「少しもかなはざりけり」の意味として最も適切なものを、次のア〜エから選びなさい。（8点）
［　　］

ア まったくあきらめようとはしなかった
イ まったく男には力が及ばなかった
ウ まったく枝を折ることができなかった
エ まったく父の願いがわからなかった

[　　月　　日]

第10日 古典文法 ②

時間 20分
合格 80点
得点 ／100

解答→別冊 17 ページ

試験に出るポイント

❶ 形容詞・形容動詞と口語の違い

(1) 文語の形容詞は、ク活用とシク活用の二種類。

(2) 文語の形容動詞には、[①　　]活用とタリ活用の二種類がある。タリ活用は、それに対応する口語の形容動詞はない。

(3) 口語の形容詞・形容動詞には、[②　　]形はないが、文語にはある。

(4) 連用形のうち、「――に」「――と」の形は、連用修飾語になる。

あざやかに装ふ。　平然とふるまふ。

❷ 「係り結び」を理解しよう

(1) 強意や疑問の意味を表す係りの助詞があることで、述語の活用形が一定の法則に従って変わることを「係り結び（の法則）」という。

(2) 係りの助詞「ぞ・なむ・や・か」があると、[③　　]形で結ぶ。

花はむかしの香ににほひけり。（終止形で終わる）
花ぞむかしの香ににほひける。
春やおそき。　月なむ出づる。
（連体形で終わる）

(3) 係りの助詞「こそ」は、[④　　]形で結ぶ。

その身のほどにあるはいと憎し。（終止形で終わる）
その身のほどにあるこそいと憎けれ。（已然形で終わる）

❸ 省略されている語を考えよう

(1) 文語の文章では、体言や体言の代用をする語が省略されることがある。

三つ四つ、二つ三つなど飛びいそぐ（[⑤　　]）さへあはれなり。
いと小さく見ゆる（の）はいとをかし。

(2) 文語の文章では、格助詞が省略されることが多い。

今は昔、比叡《ひえ》の山にちご（[⑥　　]）ありけり。
聖海上人、そのほかも、人（を）あまた誘ひて……。

❹ 口語とは異なる助動詞・助詞に目を向けよう

文語の文章には、口語とは異なる助動詞や助詞が多く用いられる。

細くたなびきたる（たなびいている）
雨降るべし（降るだろう）
なりにけるかも（なったことだなあ）
深きゆゑあらん（あるのだろう）

ここをおさえる!

① 省略されている助詞を補って、古文の意味をとらえよう。
② 同じ単語に見えても、現代文と古文で意味が異なる単語に気をつけよう。

1 次の文章を読んで、あとの問いに答えなさい。 〔巣鴨高—改〕

〔遣唐使《けんとうし》である男は、唐《もろこし》で妻を得て、子も生まれるが、子供を引き取りに来ると約束して日本に帰る。しかし、その後、妻は男から連絡がないことを嘆き、子の首に札をかけて海に投げ入れてしまう。〕

父、ある時*難波《なには》の浦の辺《へん》を行くに、沖の方に ⓐ島の浮《うか》びたるやうにて、白き物見ゆ。近くなるままに見れば、童《わらは》に見なしつ。ⓑあやしければ馬を控へて見れば、いと近く寄りくるに、四つばかりなる児《ちご》の白くをかしげなる、波につきて寄り来たり。馬をうち寄せて見れば、大きなる魚の背中に乗れり。従者《ずさ》をもちて抱き取らせて見ければ、首に札あり。「遣唐使それがしが子」と書けり。「さは我が子にこそあり X 。唐にて言ひ契《ちぎ》りし児を問はずとて、母が腹立ちて海に投げ入れてけるが、しかるべき縁ありて、かく魚に乗りて来たるなめり」とあはれに覚えて、いみじうかなしくて養ふ。遣唐使の行きけるにつけて、この由《よし》を書きやりたりければ、母も今はⓒはかなきものに思ひけるに、かくと聞きてなん、希有《けう》の事なりと悦《よろこ》び Y 。 （「宇治拾遺物語《うじしゅういものがたり》」）

＊難波＝今の大阪市およびその周辺の古い呼び名。

(1) X ・ Y に入る言葉の組み合わせを、次のア～エから選びなさい。(30点) 〔　　〕

ア X ける　Y ける　**イ** X けれ　Y ける
ウ X ける　Y けれ　**エ** X けれ　Y けれ

(2) ——線ⓐ「島の浮びたるやうにて、白き物」とは、よくよく見定めると何であったか。空欄に入る言葉を十字程度で書きなさい。(20点)

［　　　　］に乗った、唐に置いてきた自分の子供。

									10

(3) ——線ⓑ「あやしければ」のここでの意味を、次のア～エから選びなさい。(20点) 〔　　〕

ア あてにならないので　**イ** 疑わしかったので
ウ 不思議に思ったので　**エ** 見苦しかったので

(4) ——線ⓒの解釈としてふさわしいものを、次のア～エから選びなさい。(30点) 〔　　〕

ア 父親がもはや迎えには来てくれないと思っていた
イ 息子がもはや死んでしまったものだと思っていた
ウ 自分のことなどもはやどうでもいいと思っていた
エ 二人の愛はもはや終わってしまったと思っていた

第10日 入試実戦テスト

［　月　日］

時間 30分
合格 80点
得点 ／100

解答→別冊17ページ

1 **次の文章を読んで、あとの問いに答えなさい。**

〔拓殖大第一高－改〕

ある人、犬子《ゑのこ》をいと労《いたは》りけるにや、その主人外より帰りける時、かの犬子その膝《ひざ》に上《のぼ》り、胸に手を上げ、口の辺《ほとり》を舐《ねぶ》り廻《まは》る。ⓐこれによつて、主人愛する事いや増《ま》しなり。馬《むま》ほのかにこの由《よし》を見て、［ⓑ］《はんべ》Aや B思ひけむ、あつぱれ、我もⓒかやうにこそし侍らめと思ひ定めて、ある時、主人外より帰りける時、馬主人の胸に飛び掛かり、顔を舐り、尾を振りなどⓓしければ、主人甚だ怒りをなし、棒をおつ取つて、元の廏《むまや》に押し入れⓔける。

（「伊曾保物語《いそほものがたり》」）

＊労りけるにや＝愛していたのだろうか。
＊ほのかに＝秘かに。
＊あつぱれ＝ああ。

(1) 【文法理解】——線ⓐ・ⓓ・ⓔの言葉の品詞名を、次のア～ケから選びなさい。（5点×3）

ア 名詞　**イ** 名詞の一種　**ウ** 動詞　**エ** 形容詞
オ 形容動詞　**カ** 副詞　**キ** 連体詞
ク 助動詞　**ケ** 助詞

ⓐ［　　］ⓓ［　　］ⓔ［　　］

(2) 【空欄補充】［ⓑ］にあてはまる最も適切な言葉を、次のア～エから選びなさい。（10点）

ア うらやましく　**イ** うらめしく
ウ かなしく　**エ** うれしく

［　　］

(3) 【内容理解】——線ⓒの「かやうにこそし侍らめ」とあるが、具体的にはどうすることをいっているか。文章中から二十一字で抜き出し、初めと終わりの三字をそれぞれ書きなさい。句読点も一字とする。（10点）

初め［　　　］　終わり［　　　］

(4) 【文法理解】——線A・Bのような関係を、文法上何というか書きなさい。（10点）

［　　　　］

(5) 【内容理解】文章中には、馬が考えた内容を表している部分がある。その初めと終わりの三字をそれぞれ文章中から抜き出しなさい。（10点）

初め［　　　］　終わり［　　　］

2 次の文章を読んで、あとの問いに答えなさい。（長崎—改）

世人《せじん》を見るに、＊果報《くわはう》もよく、家をも起《おこ》す人は、皆、＊正直に、人のためにも善きなり。ゆゑに、家をも保ち、子孫までも絶えざるなり。心に曲節《きょくせつ》あり、人のために悪《あ》しき人は、たとひ、一旦は、果報も［A］、家を保てる様《やう》なれども、＊始終［B］なり。たとひ、また、ⓐ一期《いちご》は［C］て過《す》ぐせども、子孫未《いま》だ必ずしも吉ならざるなり。

また、人のために善き事をして、かの主《ぬし》に善しと思はれ、悦《よろこ》ばれんと思うてするは、悪しきに比すれば優れたれども、なほ、これは、自身を思うて、人のために、ⓑ実《まこと》に善きにあらざるなり。主には知られずとも、人のためにうしろやすく、ないし、未来の事、誰《た》がためと思はざれども、人のために善からん料《れう》の事を作《な》し置きなんどするを、ⓒ真《まこと》に、人のために善きとはいふなり。

（「正法眼蔵随聞記《しょうぼうげんぞうずいもんき》」）

＊果報＝前世での行いの結果として現世で受ける報い。
＊正直＝心が正しく、まっすぐ、偽りのないこと。
＊始終＝ついには。結局は。

(1)【空欄補充】［A］〜［C］に入る言葉の組み合わせとして最も適切なものを、次のア〜エから選びなさい。（10点）［　　］

ア A 善く　B 悪しき　C 善く
イ A 悪しく　B 善き　C 善く
ウ A 悪しく　B 善き　C 悪しく
エ A 善く　B 悪しき　C 悪しく

(2)【語句説明】——線ⓐ「一期」の意味として最も適切なものを、次のア〜エから選びなさい。（10点）［　　］

ア 瞬間　イ 最初　ウ 数年　エ 生涯

(3)【現代語訳】——線ⓑを現代語訳しなさい。（10点）

［　　　　］

(4)【内容理解】——線ⓒについて、この文章の内容をもとに生徒が考えを述べた。次のア〜エのうち、文章の内容に合わないものを選びなさい。（15点）［　　］

ア 私は、長崎を訪れる外国人観光客が道に迷わないように、英語を交えた案内板を作成しようと思う。
イ 私は、歩行者のために、通行の妨げになる歩道の放置自転車を、端に寄せておくようにしようと思う。
ウ 私は、今後も釣りを楽しみたいから、近所の川辺のごみを拾い集めて、河川をきれいにしようと思う。
エ 私は、トイレのスリッパをそろえて出ることで、みんなが気持ちよく使えるようにしようと思う。

総仕上げテスト

時間 40分
合格 80点
得点 ／100

〔　月　日〕

解答→別冊19ページ

1 **次の文章を読んで、あとの問いに答えなさい。**〔新潟―改〕

能をつかんとする人、「よくせざらんほどは、なまじひに人に知られじ。うちうちよく習ひ得《え》てさし出《い》でたらんこそ、いとⓐ心にくからめ」と常に言ふめれど、かく言ふ人、ⓑ一芸も習ひ得《う》ることなし。いまだ堅固《けんご》かたほなるより、＊上手《じやうず》の中にまじりて、毀《そし》り笑はるるにも恥ぢず、つれなく過ぎて＊嗜《たしな》む人、天性《てんせい》その＊骨《こつ》なけれども、道になづまず、みだりにせずして年を送れば、＊堪能《かんのう》の嗜まざるよりは、終《つひ》に上手の位にいたり、徳たけ、人に許されて、双《ならび》なき名を得《う》る事なり。

天下のものの上手といへども、始めは不堪《ふかん》の聞《きこ》えもあり、無下《むげ》の瑕瑾《かきん》もありき。されども、ⓒその人、道の掟正《おきてただ》しく、これを重くして放埒《ほうらつ》せざれば、世の博士《はかせ》にて、万人《ばんにん》の師となる事、諸道かはるべからず。

（「徒然草《つれづれぐさ》」）

＊上手＝名人。　＊嗜む＝稽古に励む。　＊堪能＝芸が達者であること。
＊骨＝器量。天分。

(1) ――線ⓐ「心にくからめ」の意味として最も適切なものを、次の**ア**～**エ**から選びなさい。（4点）〔　　〕
ア 奥ゆかしいだろう　**イ** 憎らしいだろう
ウ 待ち遠しいだろう　**エ** 見苦しいだろう

(2) ――線ⓑ「一芸も習ひ得ることなし」の意味として適切なものを、次の**ア**～**エ**から選びなさい。（4点）〔　　〕
ア 一つの芸能しか身につけることがない。
イ 一度も芸能を習おうと思ったことはない。
ウ 一つの芸能さえ習い覚えることはない。
エ 一度も芸能を習う機会を得たことがない。

(3) ――線ⓒ「その人」が指す部分を、文章中から十字以内で抜き出して、書きなさい。（7点）

(4) 作者は、芸能を身につける上で、どのようなことが大切だと述べているか。文章全体を踏まえ、□にあてはまる言葉を、二十字以内で書きなさい。（12点）
未熟な頃から名人に交じって規律を正しく守り、□。

2 **次の文章は、中国の魯《ろ》の君主が粗末な姿の曽子《そうし》を見かね、領地を与えようと使者を遣わした際の話である。これを読んで、あとの問いに答えなさい。**（兵庫—改）

〔書き下し文〕

曰《い》はく、「請《こ》ふ*此《こ》れを以《もつ》て衣を修めよ。」と。曽子受けず。反《かへ》りて復《ま》た往《ゆ》く。又受けず。使者曰はく、「先生人に求むるに非《あら》ず。人則《すなわ》ち之《これ》を献ず。*奚為《なんす》れぞ受けざる。」と。曽子曰はく、「臣之を聞く。人に受くる者は人を畏れ、人に予《あた》ふる者は人に驕《おご》ると。縦《たと》ひ子賜《たま》ひて我に驕らざること有るとも、我能《よ》く畏るること勿《な》からんや。」と。終《つひ》に受けず。

〔漢文〕

曰ハク、「請フ以テレ此レヲⓐ修メヨトレ衣ヲ。」曽子不レ受ケ。反リテ復タ往ク。又不レ受ケ。使者曰ハク、「先生非ズレ求ムルニ二於人ニ一。人則チ献ズレ之ヲ。奚為レゾ不ルトレ受ケ。」曽子曰ハク、「ⓑ臣聞クレ之ヲ。受クルレ人ニ者ハ畏レレ人ヲ、ⓒ予フル人ニ者ハ驕ルト人ニ。縦ヒⓓ子有ルトモ三賜ヒテ不ルコト二我ニ驕ラ一、我能ク勿カランレ畏ルルコト乎《や》ト。」終ニ不レ受ケ。

（「説苑《ぜいえん》」）

＊此れを以て＝領地からの収入で。　＊奚為れぞ＝どうして。

(1) ——線ⓐ「修」と同じ意味の「修」を含む熟語を、次のア〜エから選びなさい。（4点）〔　　〕

ア 修行　**イ** 修得　**ウ** 監修　**エ** 改修

(2) ——線ⓒに、書き下し文の読み方になるように、返り点をつけなさい。（4点）

予フル 人ニ 者ハ 驕ルト 人ニ

(3) ——線ⓑ・ⓓが指す人物を、次のア〜エからそれぞれ選びなさい。（3点×2）　ⓑ〔　　〕　ⓓ〔　　〕

ア 魯の君主　**イ** 曽子　**ウ** 使者　**エ** 筆者

(4) 曽子が領地を受け取らなかった理由を、次のア〜エから選びなさい。（8点）〔　　〕

ア 領地を受け取ってしまえば、魯の君主に対して卑屈にならずにはいられないと思ったから。

イ 求めてもいない領地を与えようとする魯の君主の行為には、何かしら裏があると感じたから。

ウ 自分のような者が魯の君主から領地を受け取るのは、あまりにおそれ多いと思ったから。

エ 安易に領地を与えようとする振る舞いにおごりの色が見え、魯の君主に不信感を抱いたから。

3 **次の文章を読んで、あとの問いに答えなさい。**（大阪—改）

ある人白楽天《はくらくてん》の＊三儀とて語りしは、

一日ノ計《はかりごと》ハ在リ二＊鶏鳴《けいめい》ニ一
鶏鳴ニⓐ不ざレバレ起キ日課空《むな》シ
［　ⓑ　］
＊朔日《さくじつ》ニ不レバレ立テ一月空シ
一年ノ計ハ在リ二＊陽春ニ一
陽春ニ不レバレ耕サ秋実空シ

といへる語、まことにただ人は心に油断おこるにより、よろづにくゆることもわざわひもおこるとかや。

（「百物語」）

＊三儀＝ここでは、日常生活の三つの規範のこと。
＊鶏鳴＝一番どりの鳴くころ。
＊朔日＝各月の最初の日。ついたち。
＊陽春＝陰暦の正月のこと。

(1) ——線ⓐを書き下し文に直し、すべてひらがなで書きなさい。（4点）［　　　］

(2) 文章中の［ⓑ］に入れるのに適切な漢文を、漢字六字で書きなさい。ただし、送り仮名・返り点は書かないこと。（5点）

(3) ═══線部とはどういうことか、解答欄に合うように二十字以内で説明しなさい。（6点）

［　　　　　　　　　　］ということ。

(4) 文章中で述べられていることがらと内容の合うものを、次のア～エから選びなさい。（8点）［　　］

ア 先のことばかり心配していると、目の前にある絶好の機会を逃してしまうため、うまく仕事がすすまないということである。

イ ものごとは最初が肝心であり、気をゆるめて最初に心を配らなければ、後悔したり、災難にあったりするということである。

ウ 最初だけが重要であると考えて後のことを考えずに油断をしていると、災難のときにうまく対応ができないということである。

エ 何事も終わり方が大切なのであり、終わったからといって油断していると、次に生かせず様々なことに後悔するということである。

4 次の文章は、ある山伏《やまぶし》が宿に泊まった際の話である。これを読んで、あとの問いに答えなさい。

（東大寺学園高―改）

しかる時、越後《ゑちご》にて、山伏、宿を借りぬ。その節《せつ》、国主の迎《むかひ》に、*亭も罷《まか》り出《い》づるに、かの山伏のさしたる刀、こしらへといひ、作りといひ、世にすぐれたる物なるを借りて行き、いまだ宿にⓐ帰らざる間に、*一国徳政《いっこくとくせい》の札立ちけり。さるほどに亭主帰りても、刀をⓑ返すことなし。山伏こらへかね、しきりにこふ。宿主、返事するやう、「そちの刀、借りたるところ、*実正《じっしゃう》なり。されども、徳政の札立ちたる上は、この刀も流れたるなり。ⓒさらさら返すまじき」といふ。*出入りになりければ、双方江戸にⓓ参り、*大相国御前《だいしゃうこくおんまへ》の沙汰になれり。

（醒睡笑《せいすいしょう》）

＊亭＝宿の主人。「亭主」「宿主」と同一人物。
＊一国徳政＝借金や借財などを貸し主に返さなくてもよいという政令。
＊実正なり＝間違いなく事実である。
＊出入り＝訴訟沙汰。
＊大相国＝家康のこと。

(1) ……線部の意味として最も適切なものを、次のア～エから選びなさい。（5点）　［　　］

ア そうなるまでに
イ ずいぶん時がたって
ウ ちょうどその時
エ そうしているうちに

(2) ――線ⓐ「帰らざる」・ⓑ「返す」・ⓓ「参り」の、それぞれの主語にあたる人物の組み合わせとして最も適切なものを、次のア～エから選びなさい。（8点）　［　　］

ア ⓐ山伏　ⓑ宿主　ⓓ宿主と山伏
イ ⓐ山伏　ⓑ山伏　ⓓ大相国と山伏
ウ ⓐ宿主　ⓑ宿主　ⓓ大相国と山伏
エ ⓐ宿主　ⓑ宿主　ⓓ宿主と山伏

(3) ――線ⓒ「さらさら返すまじき」とあるが、宿主はどういうつもりでそう言ったのか。二十字以内で書きなさい。（15点）

試験における実戦的な攻略ポイント５つ

①問題文をよく読もう！

問題文をよく読み，意味の取り違えや読み間違いがないように注意しよう。
選択肢問題や計算問題，記述式問題など，解答の仕方もあわせて確認しよう。

②解ける問題を確実に得点に結びつけよう！

解ける問題は必ずある。試験が始まったらまず問題全体に目を通し，自分の解けそうな問題から手をつけるようにしよう。
くれぐれも簡単な問題をやり残ししないように。

③答えは丁寧な字ではっきり書こう！

答えは，誰が読んでもわかる字で，はっきりと丁寧に書こう。
せっかく解けた問題が誤りと判定されることのないように注意しよう。

④時間配分に注意しよう！

手が止まってしまった場合，あらかじめどのくらい時間をかけるべきかを決めておこう。

解けない問題にこだわりすぎて時間が足りなくなってしまわないように。

⑤答案は必ず見直そう！

できたと思った問題でも，誤字脱字，計算間違いなどをしているかもしれない。ケアレスミスで失点しないためにも，必ず見直しをしよう。

受験日の前日と当日の心がまえ

前日

- 前日まで根を詰めて勉強することは避け，暗記したものを確認する程度にとどめておこう。
- 夕食の前には，試験に必要なものをカバンに入れ，準備を終わらせておこう。
  また，試験会場への行き方なども，前日のうちに確認しておこう。
- 夜は早めに寝るようにし，十分な睡眠をとるようにしよう。もし翌日の試験のことで緊張して眠れなくても，遅くまでスマートフォンなどを見ず，目を閉じて心身を休めることに努めよう。

当日

- 朝食はいつも通りにとり，食べ過ぎないように注意しよう。
- 再度持ち物を確認し，時間にゆとりをもって試験会場へ向かおう。
- 試験会場に着いたら早めに教室に行き，自分の席を確認しよう。また，トイレの場所も確認しておこう。
- 試験開始が近づき緊張してきたときなどは，目を閉じ，ゆっくり深呼吸しよう。

解答・解説

高校入試 10日でできる 古文・漢文

第1日

よく出る古文 ① 沙石集

▼4～5ページ

1 (1) もちいる
(2) ①イ ②藤のこぶ
(3) 例 山寺の僧の言葉を信じて従ったから。（17字）

2 (1) イ (2) ウ

▼6～7ページ

入試実戦テスト

1 (1) ウ (2) 中なる人 (3) イ

2 (1) ア (2) ウ (3) さうがうも整ほらぬ古き地蔵

解説

1 (1)「ゐ・ゑ・を」は「い・え・お」に直す。

(2)山寺の僧は医術の心得がなく、すべての病に対して「藤のこぶを煎じて召せ」と教えていたのである。また、在家人の馬が逃げたときも、やはり同じように「藤のこぶを煎じて召せ」と指示したのである。

(3)「これも信の致す所なり」とある。在家人は逃げた馬に対するいつもの指示に納得はいかなかったが、それでも僧を信じ、その言葉に従ったので、結果として馬を見つけることができたと述べているのである。

2 (1)下座の僧が承仕に「火かきあげよ」と言うのを、次の座の僧が聞いて、次の座の僧が下座の僧に「無言の道場にして、もの申す様候はず」と言ったのである。

(2)上座の老僧が、他の僧の行いを嘆きながらも、自分も同じ行動をとっていることを読み取る。

現代語訳

1 ある在家人が、山寺の僧を信じて、世の中の事や仏の道について深く頼りにして、病気になったときには薬のことまでも質問していた。この僧は、医学の心得がなかったので、すべての病気に対しても、「藤のこぶを煎じて飲みなさい。」と教えていた。この教えを信じて用いていたところ、すべての病気が治らないということはない。

あるとき、馬を逃がしてしまい、「どういたしたらよいでしょうか。」と言ったところ、いつものように「藤のこぶを煎じて飲みなさい。」と言う。納得がいかないが、理由があるのだろうと信じて、（藤のこぶを探しに行ったが）あまりにも取り尽くして近場にはなかったので、山のふもとを探し回ったところ、谷のほとりで、逃がした馬を見つけた。これも（在家人が僧を）信じた結果である。

2 四人の僧が並んで座り、七日間の無言でいる修行を始めた。（雑用

ひっぱると、はずして使えます。

をする僧である）承仕を一人だけ道場に出入りさせていた。

そこで、夜も更けて、明かりが消えようとしていたので、下座の僧が、承仕に、ろうそくの芯を引き上げて明るくしなさいと言うのを聞いて、次の座の僧が、無言でいる修行をする道場なので、ものを申してよいわけはございませんと言った。第三座の僧は、この二人がものを言っていることを非常識なことだと思って、取り乱しなさるなと言った。上座の老僧は、それぞれに内容は違っても、ものを言っていることは、嘆かわしく気に入らないことだと思って、自分だけはものを言わないとつぶやいて、うなずいていた。賢そうにしているのが、とりわけみっともなく思う。

入試実戦テスト

1 (1)「とぶらふ」には「訪問する・訪ねる」「見舞う」「調べる・求める」と、複数の意味がある。ここでは「賢人を訪ねる」の意味。

(2)「かからん人」とは「このような人」という意味。指示語の指す内容は、それより前にあることが多いので、「～人」にあたる言葉をさがすとよい。直前の一文に「中なる人」とある。

(3)よい友人と行動を共にすれば、自然と影響を受けて、自分の欠点が正されると述べているのである。

2 (1)本尊を譲り受けた人が主語になることを読み取る。

(2)この地蔵の現在の扱われ方とこの直後の和歌の内容から、地蔵の様子を推測する。

(3)この和歌を詠んだのは夢に出てきたこの地蔵で、これは「古き地蔵」のことである。

現代語訳

1 人はだれでも欠点があるけれども、自分の欠点は忘れて、他人の欠点は見えるのだろうか。自分の顔の傷は見えず、他人の傷は見えるようなものである。鏡を見て自分の欠点を映してみるべきだ。あるときは世間一般の書物を、あるときはお経などを手本として、賢人をも訪ねて、よき友人に近付いて、見本として習い学ぶべきである。「賢者は教えられることなく、愚者は変わりようがない。」と言って、生まれつき賢い人は、人から教えられるのを待たないで、自分から人として行うべきことを守る。非常に愚かな人は、どれだけ教えても従わない。中くらいの人は、縁によって悪くもなり、よくもなる。このような人は、よい友人を求めて、よい縁に近付くほうがよい。仏教の教えを説いた書物に書かれていることには、「よい人と一緒に行動するということは、雨露の中を行くと、自然に服が濡れるのと同じようなことである。」と。

2 鎌倉に、親友であるという二人の武士がいた。一緒に地蔵を信じて崇め供養していた。一人は、姿形が整っていない地蔵を、花やお香をお供えして崇めていた。もう一人は、地蔵を大変美しく造りたてて、厨子なども美しく飾り立てて、崇めて供養した。

この人が、先に亡くなるとき、「この親友は、地蔵を信仰している人だから」と、本尊を譲った。その親友は喜んで、譲られた今の本尊を崇めて供養し、古い地蔵はかたすみに置き放して、供養もしなかった。

あるとき、夢にこの地蔵が恨めしい様子で出てきて、

この世を救う気持ちはあるのに。仮の姿がたとえどんなふうであったとしても。

このように和歌をお詠みになるのを見て、目を覚ましあわてて、一つの厨子に安置して、同じように供養したそうだ。

ミス注意！

説話ではたとえ話を用いて、作者が最も伝えたい教訓が述べられていることが多い。前半が具体的なたとえ話、後半が作者の意見や教訓という構成になっている場合がほとんどである。前半のたとえ話の内容だけにとらわれず、作者が何を伝えたいのかをとらえることが重要である。

第2日　よく出る古文②　宇治拾遺物語

▼8〜9ページ

1 (1)**みあらわして**　(2)**むささび**　(3)**ウ**　(4)**イ**

2 (1)**ウ**　(2)**おおやけ**　(3)**ウ**

▼10〜11ページ

入試実戦テスト

1 (1)**イ**　(2)ⓑ**木こり**　ⓓ**木こり**　(3)**ウ**

(4)例 **山守に取られた斧を取り返すことができた。**

2 (1)初め **日の入**　終わり **近し。**　(2)**孔子**

(3)例 **どちらが遠いのですか**　(4)**オ**

解説

1 (1)語頭以外の「はひふへほ」は「わいうえお」に直す。

(2)「池へ落ち入る物あり」のあとに「ゆゆしく大きなるむささび」とある。

(3)「告げ」たのは「光物」を射落とした人物である。

(4)「西面、北面の者ども……用心し侍り」、「かげかたただ……落ち入る物あり」から、**イ**が文章の内容に合っている。

2 (1)**ア・イ・エ**は「親に孝する者」が、**ウ**は「南の風」が主語である。

(2)語頭以外の「はひふへほ」は「わいうえお」に直す。

(3)この文章は、天に通じるほど親孝行をして大臣になった鄭大尉について書かれている。

現代語訳

1 後鳥羽院の時代に、水無瀬殿に夜な夜な山から、傘ほどの大きさのものが光って、御堂へ飛び入ることがありました。警備の兵士たちは、おのおの、「この正体を見破って、有名になろう」と心に決めて、用心していましたが、むなしく時間だけが過ぎていったのだが、ある夜、かげかたが一人で、離宮の池にある島に寝て待っていると、例の光物が、山から池の上を飛んで行ったので、起きるのももどかしくて、あおむけに寝ながら、よく弓を引いて射たところ、手ごたえがあり、池に落ちるものがあった。その後人々に告げて、火をともしてそれぞれ見ると、薄気味悪く大きなむささびで、年をとって、毛なども禿げて、しぶとそうな様子をしたものでございました。

2 今となっては昔のことだが、親に孝行する者がいた。朝夕に木を切って、親を養っていた。その孝養の心が、天にいる神に通じた。梶のない舟に乗って、向かいの島に行くときに、朝には、南の風が吹き、北の島に吹きつけた。夕方には、また舟に木を切って入れていると、北の風が吹いて、家に吹きつけた。このようにしているうちに、長い間が経ち、朝廷に知られて、大臣に任命されて、召し迎えられた。その（者の）名を鄭大尉といった。

入試実戦テスト

1 (1)**『宇治拾遺物語』などで冒頭に使われる言葉**である。

(2)ⓑ「侘し、心憂し」と思ったのは、山守に斧を取られた木こりである。ⓓ「嬉し」と思ったのは斧を取り戻した木こりである。

(3)「よき」は「斧」と「良き」の掛詞である。

(4)木こりは山守が返歌できないような和歌を詠んだおかげで、取られた斧を取り返せたのである。

2 (1)「いらへたまふやう（お答えなさることには）」に着目する。童が孔子に尋ねたことに対する孔子の答えの部分である。

(2)直前の「孔子、道を行きたまふに」は「孔子が、道を歩いていらっしゃると」という意味。歩いていらっしゃると、子供に会った、と続く。

(3)「いづれか」の「か」は疑問を表す助詞。

(4)「日の出で入る……遠しと思ふ」という子供の言葉に対して、孔子は「かしこき童なり」と言ったのである。

現代語訳

1 今となっては昔のことだが、木こりが、山守に斧を取られて、困った、情けないと思って、頬杖をついて座っていた。山守は（それを）見て、「何か気のきいた和歌を詠め。（そうすれば）返そう」と言ったので、（木こりが）

　粗悪品でさえなければ不都合なのがあたりまえであるのに、よいものを取られてしまった私はどうしたらよいのだろう

と詠んだので、山守は返歌を作ろうと思って「うううう」と呻いたが、詠めなかった。そうして木こりは斧を取り返したので、嬉しいと思ったのであった。人はただいつも心がけて歌を詠むべきだと思われる。

2 今となっては昔のことだが、中国で、孔子が、道を歩いていらっしゃると、八歳ぐらいの子供に会った。（その子供が）孔子に質問し申し上げるには、「日の沈む所と洛陽の都とは、どちらが遠いのですか。」と。孔子がお答えなさることには、「日の沈む所は遠い。洛陽は近い。」子供が申すには、「日が昇ったり沈んだりする所は見える。洛陽はまだ見えない。したがって日の昇る所が近くて、洛陽は遠いと思う。」と申したので、孔子は、「利口な子だ。」と感心なさったということだ。

ミス注意！

古文では、**主語が省略されていることがよくある**ので、文脈をふまえ、常に主語を意識して読み進めるようにする。また、言葉を変えて同一人物を表すこともあるので、注意が必要である。

　本文の＊をヒントにして、文章全体を読んであらすじをつかみ、話の流れをとらえることが重要である。

第3日 よく出る古文 ③ 古今著聞集

▼12〜13ページ

1 (1) **エ**

(2) **神感やありけん・神あはれみて御たすけやありけん**

(3)①孝　②ウ　③射

▼14〜15ページ

入試実戦テスト

1 (1)こいける　(2)ア　(3)エ　(4)イ
(5)①不可思議なる
②例 主人として恥ずかしいことだ(13字)

解説

1 (1)挙周は、母が七日籠りした内容を聞いて、「母われにかはりて……たすけさせ給へ」と泣きながら祈ったのである。母の祈願の内容を読み取る。
(2)筆者は、挙周の命が助かったのは、母が歌を詠んだことによって神の御加護があったからであり、母の命が助かったのは、挙周が祈った内容について、神があわれんだからだろうと述べている。
(3)①子どもが親を大切にして尽くすという意味の熟語を作る。②赤染右衛門の挙周に対する思いを選ぶ。③「よく要点をつかんでいる」という意味の言葉を作る。「的を得る」としないように注意。

現代語訳

1 挙周朝臣が、重病にかかって、治る見込みが少なく思われたので、母である赤染右衛門は、住吉神社にお参りして、七日間こもって祈願をして、「今回（挙周が）助かるのが難しいのならば、今すぐに私の命に引きかえてください。」と言って、祈願の最終日に、御幣のしでに書きつけましたのは、

息子と代わろうと祈る命は惜しくはないが、それでも、息子と別れることが悲しい

このように詠んで差し上げたところ、神の御加護があったのだろうか、挙周の病気が治った。母がお参りから帰って、喜びながらこのことを伝えたところ、挙周は大変嘆いて、「私が生き残ったとしても、母が死んでしまっては何の生きがいがあろうか。さらに不孝の身である。」と思って、住吉神社にお参りしてお願い申し上げたことには、「母が私に代わって命が終わるのなら、すぐにもとのように私の命をお取りになって、母をお助けください。」と泣く泣く祈ったので、神もあわれに思って助けてくださったのだろうか、母子ともに何事もなくございました。

入試実戦テスト

1 (1)語頭以外の「はひふへほ」は「わいうえお」に直す。
(3)武正は主人である家成の馬をほしがったが、断られたので、どうすることもできなかったのである。
(4)ⓒ鷹を枝につけて持ってきたのは「武正」である。ⓓ家成に武正の様子を見に行かせられたのは「侍」である。
(5)①武正が乗ってきた馬の様子を表現している部分をさがす。②武正はやたら飾り立てた不格好な馬に乗って、家成の主催する酒宴に出ようとしていたのである。そのような姿でお供が登場しては、家成は主人として恥をかくのである。

現代語訳

1 中納言である家成が、黒い馬を持っているのを、お供の武正がしきりにほしがったが、「お前がほしがるほどに、私は惜しくなるのだよ。」と言って、与えなかったので、武正にはどうしようもなくその場は引き下がったが、雪の降っている朝、中納言のところで酒宴が

開かれ、武正は、鷹飼いとして仕えていたので、鷹を枝につけて持ってきた。中納言は、侍に命じて「武正は何色の狩衣を着て、どのような様子の馬に乗ってきているのか。」と見に行かせたところ、「かちかえしの狩衣に、ことさらに飾り立てている不格好な馬に乗っております。」と言ったので、「これでは仕方ない。見事にしてやられた。」と言って、秘蔵の黒馬をお与えになった。

ミス注意！
問題文の内容について現代語で答える場合、本文の＊にある古語の意味もふまえて解答すること。

第4日 よく出る古文④ 徒然草

▼16~17ページ

1 (1)**ア** (2)**イ・ウ** (3)**エ**

2 (1)**ならう・なおざり・いう**
(2)初め **初心の** 終わり **と思へ** (3)**ウ**
(4)例 **(わずかに二本しかない矢なのに、師が見ている前で、その一本を)いいかげんにしようなどと思うだろうか(いや、思うまい)。**
(5)例 **(なにごとにおいても、)初めから心をこめて取り組まねばならない。**

▼18~19ページ

入試実戦テスト

1 (1)**かこいたり** (2)**エ**
(3)①**イ** ②**かけひのしづく**

2 (1)**ては** (2)ⓐ**法顕(三蔵)** ⓑ**天竺**
(3)(順に)初め **さばか** 終わり **ひけれ**
初め **優に情** 終わり **蔵かな**
(4)**イ**

解説

1 (1)「**かは**」**は反語を表す助動詞**である。「恥ずかしくないことがあるだろうか。いや恥ずかしい。」という意味。
(2)**ア**は「久しく隔たりてあひたる人」、**イ**は「よき人」、**ウ**も「よき人」、**エ**は「よからぬ人」、**オ**は一般的な人がそれぞれの主語である。
(3)文章中の「よき人の……聞くにこそあれ。」が、**エ**の内容と合っている。

2 (2)会話文は「**いはく『……』と**」という形式の表現が多い。特に引用を受ける「～と」という助詞に着目すること。この場合は、「思へと」の「と」である。
(3)「得」は矢が的に当たること。「失」は失敗することと考えればよい。
(4)「**……や**」**は反語表現**。「……か。いや、そんなことはない。」という意味を表す。
(5)師のいましめの中心は「毎度ただ得失なく、この一矢に定むべし」の部分である。これを一般化して表現するとよい。

現代語訳

1 長い間離れていて会った人が、自分にあったことを、いろいろと残らず語り続けることは、まったくおもしろくないものだ。離れることなく慣れ親しんでいる人でも、しばらく経って会うと、恥ずかしくないだろうか。（いや、恥ずかしい気持ちになる。）教養の低い人は、ついちょっと立って出ても、今日あったことを、息をつく間もなく語っておもしろがることだよ。教養のある人が話をするのは、人がたくさんいても、一人に向かって言うのを、自然と他の人も聞くのである。教養のない人は、だれともなく、たくさんの人の中で、いま見ているかのように話すので、みなが一緒に笑うのが、とても騒がしい。趣のあることを言ってもあまりおもしろがらないし、おもしろくないことを言ってもよく笑うのは、人柄の程度がよくわかるだろう。

2 ある人が、弓を射ることを習うときに、二本の矢を手にはさんで的に向かう。弓の師匠が言うには、「初心者は、二本の矢を持ってはいけない。二本目の矢をあてにして、最初の矢をなおざりにする心があるからである。射るたびごとに、ただ、当たり、はずれを考えないで、この一本の矢で決着をつけようと思え」と言う。わずかに二本の矢であるのに、師匠の前でその一本をいいかげんにしようなどと思うだろうか。（いや、思うまい。）なまけ心というものは、自分で気づかなくても、師匠はよくわかっているのである。この訓戒は、すべてのことに通じるはずである。

入試実戦テスト

1 (1)語頭以外の「はひふへほ」は、「わいうえお」に直す。設問文に「すべてひらがなで書きなさい」という指示があることにも注意する。

(2)山里に人をたずねて行ったのは、筆者である。

(3)①**古語には、現代語とは意味が異なるものも多くあるので注意すること。**ここでの「心細く」は、「もの寂しい」という意味であることを理解する。②「いほり」の周辺の描写で、音について説明されているのは、「かけひのしづくならでは、つゆおとなふものなし」の部分のみである。「かけひから落ちるしずく以外には、まったく音をたてるものはない」という意味。

2 法顕三蔵の行為について人々が批判的にとらえたのに対し、弘融僧都は好意的に人間味あふれる行為だととらえている。さらにそのことを、筆者は奥ゆかしいと感じ取っているのである。三者の立場を十分に理解すること。

(1)文の形に注意。「扇を見ては悲しび、病に臥し□漢の食を願ひ……。」

(2)ⓐ本文の＊をもとに「それほどの人」と他の人から言われる人をさがす。ⓑ法顕三蔵が「天竺」に渡ったときの話であることを理解しておくこと。

(3)会話文を受ける「……と」をそれぞれさがす。

(4)法顕三蔵の態度に賛成した弘融僧都について、筆者はどう見ているかを読み取ること。

現代語訳

1 陰暦十月のころ、栗栖野という所を通り過ぎて、ある山里にたずね入ることがありましたが、はるかな苔の細道を踏み分けて、もの寂しい様子で住んでいる粗末な家がある。木の葉に埋もれるかけひのしずくのほかには、少しも音をたてるものはない。閼伽棚に菊や紅葉などを折り散らしているのは、なんといっても住む人がいるからなのだろう。

このようにしていても住んでいられるものだな、としみじみと見ているうちに、むこうの庭に、大きなみかんの木で、枝もたわむほどになっているのが周りをきびしく囲ってあったのには、少し興ざめして、この木がなかったらよかったのに、と思われた。

2 法顕三蔵が、インドに出かけて行って、故郷（である中国）の扇を見ては悲しく思い、病気で寝ては中国の食事をお願いなさったということを聞いて、「それほどの人が、まあなんとひどく気弱な様子を、外国でお見せになったものだ」と人が言ったところ、弘融僧都が、「やさしく人間味のある高僧であったことよ」と言ったのは、法師のようでもなく、奥ゆかしく思われたことである。

ミス注意！

本文をよく読まないまま質問部分だけを考えるのではなく、**前後の文章の内容と関連づけていく**ことが重要である。また、解答を出すうえで、本文の＊**がヒント**になることを忘れずに、しっかりと確認をしながら読んでいくこともたいせつである。

第5日 よく出る古文⑤ 枕草子

▼20〜21ページ

1 (1) 現代仮名づかい **ようよう** 意味 **イ**

(2) ①a **エ** b **ウ**

②**懐にさし入れて持たるもなにとも見えず**（18字）

2 (1) **ウ** (2) **エ**

▼22〜23ページ

入試実戦テスト

1 (1) ①**ウ** ②四月 **うづき** 五月 **さつき**

(2) **ア** (3) **イ** (4) **をかし**

2 (1) **なお** (2) **エ** (3) **をかし**（3字）

(4) **をかし・あはれ（なり）**

(5) 初め **日入り** 終わり **らず。**

(6) 初め **昼にな** 終わり **ろし。**

解説

1 (1) 「やうやう」は「しだいに・だんだんと」という意味である。また、母音が「au・iu・eu・ou」のものは、「ô・yû・yô・ô」に直す。

(2) 横笛は「遠うより……をかし」「近かりつる……いとをかし」とある。横笛は、距離の変化で聞こえ方が変わることに風情を感じているのである。

2 (2) 「あはれなり」は「感慨深い」という意味。扇を見たのはだれかを文章中から読み取る。

現代語訳

1 A 笛は横笛がたいへん風情がある。遠くより聞こえているのがしだいに近くなってくるのもよい。近かったのが遠くになって、とてもかすかに聞こえるもたいへんよい。牛車でも、徒歩でも、馬でも、どんなときも（笛を）懐に差し入れて持っていても何かが（懐に）あるように見えないのは、これほど風情のあるものはない。まして聞き知っている曲などは、とてもすばらしい。

B　笙の笛は、月が明るいときに牛車などで聞くことができたのが、とても風情がある。大きくて扱いにくく感じられる。それに、吹くときの顔はどうだろうか。それは、横笛も吹き方次第であるようだ。

2　御乳母が日向の国にくだるときに、（一条天皇の中宮様がせんべつとして）お与えになられた扇で、片面には日がたいそううららかにさしている田舎の建物を多くかき、もう片面には都のとある場所で、雨がひどく降っている絵がかいてあるその扇に、

（あかねさす）日向の国に行っても思い出してください。都では私が長雨に閉じこめられて、心も晴れずに暮らしているでしょうとね。

（と、中宮様が）ご自分でお書きになられるのは、たいへん感慨深い。（御乳母としても、）このように慈愛深い君をお残し申しあげて遠くに行くことはとてもできないだろうよ。

入試実戦テスト

1　(1)①陰暦五月一日は、現在の六月中旬ごろ。②「五月（さつき）」は現在でも「五月晴れ（さつきばれ）」のように残っている。

2　(1)語頭以外の「はひふへほ」は、「わいうえお」に直す。

(2)続く同じ段の内容から判断できる。「月のころ」「やみもなほ」「蛍」などの表現から、「よる」だとわかる。

(3)前の段に、「いとをかし」とあり、「はたいふべきにあらず」と続いていることから判断する。「枕草子」では、**「しみじみとした感じがする」ということを、「をかし」と表現している**ことを覚えておくこと。

(4)「をかし」「あはれなり」は風流を表す代表的な言葉である。

(5)同じ「音」という文字だが、風は「おと」、虫は「ね」と読む。

(6)「わろし」は「よくない・劣っている」という意味である。

現代語訳

1　陰暦四月の三十日、五月の一日のころに、橘の葉が色濃い青さで、花がたいへん白く咲いているのが、雨の降った早朝などは、世の中に比べるものがないほど風情があってすばらしい。花の中から実が黄金色の玉のように見えてそれがたいそう鮮やかに見えているのなどは、朝露にぬれた明け方の桜と同じようにすばらしい。その上、ほととぎすがその身を寄せる木と思うからであろうか、もうなんとも言いようのないほど（に情趣があってよいもの）だ。

2　春は夜明け方（がよい）。しだいに白くなってゆく山ぎわの空が、少し明るくなって、紫がかった雲が細く横になびいている（のがよい）。

夏は夜（がよい）。月の出ているころはいうまでもなく、やみ夜でもやはり、蛍がたくさん入り乱れて飛んでいる（のはよい）。また、ただ一つ二つなどが、かすかに光って飛んで行くのも趣がある。雨などが降ることも趣がある。秋は夕暮れ（がよい）。夕日がさして山の端にたいへん近くなっているときに、烏がねぐらへ行くというので、三羽四羽、二羽三羽と急ぎ飛んで行くのさえしみじみとした感じがする。まして雁などが列を作っているのが、たいへん小さく見えるのは、おもしろい。日がすっかり沈んでしまって、風の音や、虫の鳴き声がするのもまた言いようもない（ほど趣がある）。

冬は早朝（がよい）。雪が降っているのはいうまでもなく、霜などがたいへん白いのも、またそうでなくてもたいへん寒い朝に、火などを急いでおこして、炭火を持って廊下などを通るのも、いかにも

冬らしく似つかわしい。昼になって、寒気が弱まりだんだんゆるんでいくと、火鉢の火も白い灰がちになってよくない。

ミス注意!

現在は季節感がうすれ、特に陰暦に対する知識・感覚がなくなっているが、古典や短歌・俳句には常時使われるので知っておくことがたいせつ。陰暦の月の呼び名で、代表的なのは次のとおりである。

一月…睦月《むつき》、二月…如月《きさらぎ》、三月…弥生《やよい》、四月…卯月《うづき》、五月…皐月《さつき》、六月…水無月《みなづき》、七月…文月《ふみづき》、八月…葉月《はづき》、九月…長月《ながつき》、十月…神無月《かみなづき》、十一月…霜月《しもつき》、十二月…師走《しわす》。

なお、文月は文月《ふづき》、神無月は神無月《かんなづき》とも読む。

第6日 よく出る古文 ⑥ おくのほそ道・その他

▼24～25ページ

1 (1) 衣川は(、)　(2) ア

2 (1) なにごとを　(2) ① エ　② 例 極意をきわめる

▼26～27ページ

入試実戦テスト

1 (1) エ

(2) 故事成語　蛍雪(の功)

意味　例 苦学して立派に成功すること。

(3) うたにさえおおくよみけり

(4) もろこし(の国の人)

2 (1) A 母　B 冬　(2) ア

(3) ① 竹の子　② 例 母の病気が治った(こと)(8字)・母の寿命が延びた(こと)(8字)

解説

1 (1)主語を見つけるには、それまでの文章中から、「……は(が・も)」をさがしてみること。ただし、古文ではしばしば助詞が省略されていることもあるため、前後の文脈に注意して読み取るようにする。

(2)「国破れて……」の引用を考えると、人間の作ったものははかなく消え、自然のみが変わらないという思いがあることがわかる。

2 (1)前半では、成通卿が蹴鞠の名人であり、鞠の精が姿を見せたことが書かれ、後半では、そのことについての筆者の意見が述べられている。

(2)A(1)より、第一段落の最後にあたるこの部分は、筆者の意見が述べられている。B「得る者」とは、どのような人を表しているかを読み取り、成通卿がどのような点で「ありがたし(＝めったにない)」と言われているのかをとらえる。

現代語訳

1 藤原氏三代の栄華も一眠りの夢のようにはかなく消えて、昔の表門の跡は一里ほど手前に残っている。秀衡の居館の跡は田や野原となってしまって、金鶏山だけが昔の形を残している。まず、(義経の居館であった)高館に登ってみると、(目の前を流れる)北上川は南

部地方から流れてくる大河である。衣川は、和泉が城のまわりを流れて、この高館の下でこの大河（である北上川）に流れこんでいる。泰衡らのいた居館の古い跡は、衣が関を隔てた向こうにあって南部方面からの道をしっかりと固め、えぞ（の異民族）の侵入を防いだものと思われる。それにしても忠義な臣を選び（義経とともに、）この城にたてこもって戦い、功名を立てたが一時のことで（今ではその跡は）一面の草むらとなってしまっている。「国は滅んでも山河は昔のままにあり、城の荒れはてた跡にも春になって草は青々と茂っている。」と（杜甫の詩を思い浮かべながら）かさを敷き（腰をおろして）、いつまでも（懐旧の）涙を落としていました。

　今となっては夏草が生い茂っているなあ。藤原氏の功名を立てる夢も、戦いの跡も夢と消えてしまって。

2 成通卿は、長年蹴鞠を好んでいらっしゃった。そのおかげであったのだろうか、ある年の春に、鞠の精が、蹴鞠をする場所にある柳の枝に現れたのが見えた。みずら結い（少年の髪型）をした子どもで、十二、三歳ほどで、青色の唐装束（中国風の服装）を着て、たいそうかわいらしい様子であった。どんなことでも始めようとするならば、極意をきわめて、このような御利益があらわれるほどに、したいものであるが、このようなことは、めったにない。

だから、「学ぶ者は牛毛のようにたくさんいるが、成し得る者は麒麟の角のようにめったにいない」ともいうのである。

入試実戦テスト

1 (1)「学問を好みける」から、書物であることがわかる。

(2)蛍や雪の光であかりをとって学問をする、つまり苦学して成功をおさめたという意味の故事成語。

(4)直前の「これら」の指す内容を考える。「これら」とは、孫康と車胤の二つの話である。

2 (1)——線ⓐの主語は文頭にある「母」である。「よしなきもの」とは、ここでは直後の「冬のことなるに、竹の子をほしく思へり」から判断できる。

(2)**反語表現**になっていることに着目する。「どうしてたやすく得られるだろうか。いや、得られるはずがない」という意味。

(3)①手に入るはずがないと思っていたにもかかわらず、手に入ったものが何かをとらえる。②「母、……そのまま病もいえて」「齢を延べたり」とある。この二点を「〜こと」に続く形でまとめる。

現代語訳

1 中国に、昔いた孫康という人は、たいそう学問を好んでいたが、家が貧しくて、油を買うことができなかったので、夜は雪の光で書物を読み、また同じ国の車胤という人も、たいそう書物を読むことを好んでいたが、この人も同じようにたいへん貧しくて、油を手に入れることができなかったので、夏のころは蛍を集めて（その光で書物を）読んだ。この二つの故事は、たいへん有名で、知らない人はなく、歌にまでも多く詠まれていた。今思うには、これらもあの中国の人々による、いつもの方法でしいて名声を追い求めた作り事なのであった。

2 孟宗は、幼くして父に先立たれ、一人の母を養っていた。母が年をとって、いつも病みわずらい、食の味覚も食べるたびごとに変わったので、求めるすべもないものを望んだ。冬の時期なのに、竹の子をほしく思った。そこで、孟宗は、竹林に行き探したけれど、雪が深い季節なので、どうしてたやすく得られるだろうか。（いや、得られない。）「ひたすら、天道（万物を支配する神）のあわれみをお頼み申し上げます」と、祈りをかけて、おおいに悲しみ、竹に寄りかかったところ、突然大地が開けて、竹の子が数多く生えてきました。（孟宗は）おおいに喜び、すぐに取って帰り、吸い物をつくり、母に与えましたところ、母は、これを食べて、そのまま病は治り、寿命も延びた。これは、ひとえに、孝行の深い心を感じて、天道より与えられたのである。

ミス注意！

「おくのほそ道」は、**文章と俳句とからなる紀行文**である。俳句だけでは意味が理解できなくても、文章と比較して読むとわかりやすくなる。設問に直接関係することだけでなく、**全体の筋をきちんとつかんでおく**ことがたいせつである。

記述式の問題に解答する際は、条件をきちんと読み取っておき、解答後に条件を満たしているかどうかを必ず点検すること。

第7日 和歌・俳句

▼28〜29ページ

1 (1) **其角**　(2) ①**秋**　②**エ**　(3) **ウ**

2 (1) **エ**

(2) 例 **実方の中将が雨にぬれながら、桜の木の下で歌を詠んだこと。**（28字）

▼30〜31ページ

入試実戦テスト

1 (1) **エ**　(2) **あいたる**

(3) ①**イ**　②例 **ちらつく雪を風に舞う花びらに見立てている。**

2 (1) **芭蕉**　(2) **はらから**　(3) **ア**　(4) **故郷**

解説

1 (1)其角の「しら露をの五文字を……改めけり」という振る舞いに対して、侯は「御不興」だった。しかし、其角は「少しも屈する色」がなく、侯に謝る様子もなかったので、「彼は性質ものぐるほしければ」と、其角のことを「言ひこしらへる者」（言い繕う者）がいた、という内容である。

(2)①「しら露」「萩」はともに、秋を表すものである。②**ア**「しら露」は萩の花の上に乗っているものである。**イ**「こぼさぬ」の「ぬ」は打ち消しの意味。**ウ**「こぼさぬ」の主語は「萩」。**エ**「哉」は「〜だなあ」という感動を表している。

(3)**ア・イ**侯は、其角が芭蕉の俳句に手を入れたことで「御不興」だったとある。**ウ**「しら露をの五文字を……書き改めけり」とある。**エ**事の次第を知った芭蕉の様子をみると、「ほほゑみながら」「この五文字其角が妙案」とあるため、其角が俳句を書き改めたことをむしろ褒めている。

2 (1)下の句を中心に考えること。花見に来ているのだから、どうせぬれるのなら、花とともにという風流心である。

(2)実方の中将の詠んだ歌と、すぐあとの実方の行動から考えるとよい。**字数制限に気をつけ**、人々が風流を感じたのは、実方の中将がどうしたことによるのかがはっきりするようにまとめること。

現代語訳

1 白露をたたえている萩の花は、風でうねってもその露をこぼさないことだなあ。

と読み下して、其角はたいへん感心した様子で、小首を傾げて(思案するように)しばらく静かに口ずさんでいたのだが、何を思ったか、そばの硯箱にある筆をひっつかみ、「しら露を」の五文字を消して、「月影を」と書き改めた。大名はひどくご機嫌を損ねた様子でいらっしゃったので、大名の近くに仕える人々もその(芭蕉の句を勝手に書き直した其角の)失礼を怒ったが、其角は(平然と)落ち着き払っていて、少しも従う態度がなかったので、今となってはどうしようもなくて、彼(=其角)は正気を失っているからだなどと言い繕って(大名の)ご機嫌取りをする者がいて、(其角は大名の)御前を退出した。そうして、後に(大名が)芭蕉をお招きになって、前の話をお話しになると、芭蕉はいつもよりも愉快そうに、画幅を開き少しほほえみながら、筆を(墨で)染めて「月影を」と書いてある傍に、「この五文字其角が妙案(=この五文字は其角のすぐれた思いつき)」と書き添えたので、大名もご機嫌をお直しになったということだ。この一幅は、今に至るまで芭蕉と其角の書き損じの画幅と呼ばれて、その(大名の)御家の大切な宝の一つだとかいうことだ。

2 昔、殿上の間に仕えた貴族たちが、花見をしようとして、京都東山にいらっしゃったときに、急に無情の雨が降って、人々が、逃げ騒いでおられたが、実方の中将は、たいして騒がず、(桜の)木の下に寄って、

桜見物に雨が降ってきた。同じこと(=どうせぬれるの)ならば、桜の花といっしょに時を過ごしたい。

と詠んで、雨をよけなさらなかったので、桜の花からしたたり落ちるしずくにすっかりぬれて、衣服もびしょぬれになってしまった。この(実方の中将の)ことは、興趣のあることだと、人々は、皆同じように考えた。

入試実戦テスト

1 (1)「清少納言がもとへ懐紙に書き」とあるので、公任が「少し春ある……」と書いて送ったのだと読み取れる。その返事として清少納言が「空さえて花に……」と返したのである。

(2)語頭以外の「はひふへほ」は、「わいうえお」に直す。

(3)①**「いかが」には、理由や方法を疑問に思う「どういうわけで」「どのように」と、「どうして……か。いや、……ない」という反語の意味**があるが、清少納言が悩んでいる文脈から考えると、「どのように」の意味が適切である。②上の句は「空さえて花にまがひて散る雪に」のほうであるから、「花であると見間違うように散る雪」という意味から、降る雪を花びらに見立てていることがわかる。

2 (1)文章全体が芭蕉の言葉なので、文章中の一人称は芭蕉のことを指す。

(2)「はらからの」の「の」は「が」と置き換えられる。主語を表している。

(4)この文章は、芭蕉が故郷の伊賀に帰ったときのことを書いたものである。久しぶりに帰郷した芭蕉は、自分の臍の緒を見て、今はなき父母の慈愛を思い出し、感涙にむせんでいるのである。

現代語訳

1 今となっては昔のことだが、陰暦二月の末日に、風がさっと吹き、雪がちらつくころ、公任が、宰相の中将と人々がお呼びしていた時、清少納言のもとに懐紙に書いて（送ったことには）、

　少し春めいてきた感じがすることだ

とあった。本当に今日の様子にたいへんよくあった句だが、どのように上の句を付ければよいのだろうと思い悩む。

　空が寒々として桜の花びらにまごうように散る雪に

と、見事に書いた。（公任は）たいそうおほめになったということだ。

2 代々の賢人たちも、故郷は忘れがたいものに思われますということ。私も今は四十四歳になって、何事につけても昔のことが懐かしく思われるようになり、兄弟姉妹がたいへん年老いていますのも見捨てにくく、初冬の空がしぐれ出すころから、雪の日も霜の日もつらい旅を続けて、陰暦十二月の末に故郷伊賀の山中に着く。まだ父母が生きていらっしゃったならばと、慈愛にあふれた昔の姿を思い出すと悲しみがこみあげ、思い出すことばかりたくさんあって、

　懐かしい故郷だよ。自分のへその緒を見ていると、父母のことが懐かしく思い出されて、涙が流れることだよ。　芭蕉

ミス注意！

歌の調子（五七調・七五調）や句切れを理解しておくことは、歌意を間違いなくとらえるためにもたいせつである。また、詩歌は、自然の情景を詠んだり、自然にたくして自分の気持ちを詠んだりしたものが多い。**詠まれている季節や、その季節の持つイメージ**などを考え合わせて解釈するとよい。

第8日 漢詩・漢文

▼32〜33ページ

1 (1) **李 白 乗《ツテ》レ舟《ニ》将《ニ》欲《ス》レ行《カント》**

(2) 例 **さらに深い、自分を見送る汪倫の心づかい**（19字）

2 (1) **感《ジテハ》レ時《ニ》花《ニモ》濺《ギ》レ涙《ヲ》**　(2) **烽火三月に連なり**

(3) **⑤**

(4) 例 **家からの手紙は、たくさんのお金にあたるほど貴重である**

▼34〜35ページ

入試実戦テスト

1 (1) **エ**　(2) **腹の虫がおさまらず**　(3) **イ**　(4) **オ**

2 (1) **論語**

(2) 例 **人から学ぶと同時に、自分で思考すべきだ。**

解説

1 (1) 送り仮名は漢字の右下にかたかなでつける。「舟に乗って」と一字返るのでレ点をつける。「行かんと欲す」も同様である。

(2) 「桃花潭水深さ千尺／及ばず汪倫我を送るの情に」の部分を読み取る。桃花潭の水深と汪倫の情の深さをくらべているのである。

2 (1) ③の句は④の句と対句。④の句から考える。

(3) **漢詩は「起承転結」で構成されている**ことに着目する。①〜

④の句は自然について、⑤〜⑧の句は人間世界についてうたっている。

現代語訳

1 李白は舟に乗って、今まさに行こうとしている。そのとき、岸の上で足を踏み鳴らし、歌う声が聞こえた。桃花潭の水深は千尺あるともいうが、汪倫が私を見送ってくれる心づかいの深さには及ばない。

入試実戦テスト

1 (1)**ア**は「通り過ぎる」。**イ・ウ**は「程度がはなはだしいこと」。

(2)**書き下し文と現代語訳を丁寧に対照させて読む**こと。「平らかなる」は気持ちが安定しているさまを表す言葉。「あたはず」は「できない」という意味。気持ちをおさえることができなかった人物をさがす。

(3)現代語訳の続く部分が「相手を問いつめなかったからといって」とあることから、ⓓには、蒙正が相手の官職名や氏名について知ろうとしなかったという内容があてはまると考えられる。直前の「もし相手の名を知ってしまえば、生涯忘れられなくなるだろう」とあるように、あやまちを犯した人の名前を知ってしまうと、ずっと忘れられなくなってしまうから、むしろ知らないほうがいいという内容であることがわかる。

(4)蒙正は自分のことを悪く言われても、腹を立てることもなくその人のことを許す心の広い人物だったのである。「みなその量に服せり(みな蒙正の度量の広さに敬服した)」とあることから判断する。

現代語訳

2 孔子は「(人から)学ぶだけで、自分で思考することがなかったら、道理を明確に理解できなくなる。自分で考えるだけで、人から学ぶということがなければ、その考えは一人よがりで危険である。」とおっしゃった。

ミス注意!

漢文訓読のときの「送り仮名」や「返り点」の決まりをしっかり理解しておくこと。特に**「送り仮名」は、歴史的仮名づかいを用いてつける**ので注意が必要。また、漢詩の種類については、**その句数(行数)と、一句の漢字の文字数によって分類される**。絶句の**起承転結**は、内容の読み取りや、作者の感動の中心をつかむのにたいせつであるから、しっかり覚えておこう。

第9日 古典文法 ①

▼36〜37ページ

試験に出るポイント

①いる ②きわめて ③言う ④おかし ⑤そうろう ⑥已然形 ⑦未然 ⑧に ⑨ら ⑩くる ⑪く ⑫き ⑬せよ

1 (1)まずかねて (2)とおりあわせ (3)まもりいける (4)すなお (5)まわりて

(6)**おおきに**　(7)**ねらいよる**　(8)**えがきて**
(9)**つこうまつる**

▼38〜39ページ

入試実戦テスト

1 (1)ⓐ口語 **ワ行五段活用**　文語 **ハ行四段活用**
ⓒ口語 **タ行下一段活用**　文語 **タ行下二段活用**
(2)**A イ　B ア**　(3)**ウ**

2 (1)ⓐ**カ**　ⓔ**イ**　(2)**父**　(3)**つどいけるに**
(4)初め **ただ一**　終わり **を折れ**　(5)**ウ**

解説

1 (1)歴史的仮名づかいの「づ・ぢ」は、現代仮名づかいでは「ず・じ」になる。
(2)語頭以外の「はひふへほ」は、「わいうえお」に直す。

入試実戦テスト

1 (1)ⓐ文語「買は」の終止形は「買ふ」で、「ハ・ヒ・フ・フ・ヘ・ヘ」と活用する。ⓒ文語「捨て」の終止形は「捨つ」で、「テ・テ・ツ・ツル・ツレ・テヨ」と活用する。
(2)Bある人は、このこじきを幼児と思っていたのである。

2 (1)ⓐ**「来《く》」はカ行変格活用。命令形は「来《こ》よ」**と読む。ⓔ「見る」は上一段活用。「〜て」に続いているので、連用形。
(2)この文は主語が省略されているが、前の文の「父」がそのまま主語になっている。
(3)語頭以外の「はひふへほ」は、「わいうえお」に直す。
(4)引用を表す「〜と」に着目する。
(5)力の限り折ろうとしたけれども、それがかなわなかったという意味。

現代語訳

1 ある人が大仏殿を拝んで帰るときに、近くにある商人の家に立ち寄って、家へのみやげにもちを買おうとして見ると、もちがたいへん小さかったので、「どうしてこのもちはふつうの大きさではなく、あきれるほど小さく作ったのか」と聞くと、「このもちはふつうと変わらない。そのようにおっしゃるのは、きっと大仏殿を拝みなさったからでしょう。あの大きな大仏様を拝みなさったあと目を移してほかのものを見ると、いろんな物がみな小さく見えるものだ」と答えるので、「なるほどそういうこともあるだろう」と思って、もちをふところに入れて、一、二町歩いた。道の端に、おかっぱ髪の幼児が、人が捨てたのであろうか、正体もなく眠っているのを見て、ああかわいそうに、母との添い寝の夢を見ているのだろうかと、かわいそうに思って抱きかかえて、また四、五町ほど歩いたが、あまりに重くて疲れてしまったので、しばらく休もうと思い、抱きおろして顔をよく見ると年とったこじきの尼さんであったということだ。

2 子どもたちが、喧嘩口論して騒ぎ立てていたので、父は、どうしようもなかった。あるとき、父は、(使用人の)男を呼んで、「樹の枝をたくさん集めて持って来なさい」と言った。その枝を受け取って、たくさんの枝を一つにして、縄で堅く巻きつけた。子どもが一か所に集ったときに、おのおのに渡して、父は、「たった一人だけでこれを折れ」と言う。力を尽くして折ろうとしたけれど、まったく枝を折ることができなかった。その後、父は、縄を解き、一枝ずつ一人一人に渡したところ、たやすく折った。それを見て、父は、「おまえたち一人一人も同じで、一人ずつの力は弱くても、志を合わせれば、困難に押しつぶされることはないだろうよ」と言った。

ミス注意！
歴史的仮名づかいのうち「はひふへほ」を「わいうえお」に直すことはやさしいが、「ゐ・ゑ」は現代では使われないため、なじみがうすい。正確に覚えておく必要がある。

入試実戦テスト

1 **基本的な文語動詞の種類・活用の仕方は覚えておく**こと。そのときに、**口語との違い**を問われることが多いので、それを明確にとらえておく。また、特別な活用のカ行変格活用・サ行変格活用や、文語にだけあるナ行変格活用・ラ行変格活用についても確実に覚えておくこと。

第10日 古典文法 ②

▼40～41ページ

試験に出るポイント

①**ナリ** ②**命令** ③**連体** ④**已然** ⑤**こと(の)** ⑥**が(の)**

1 (1)**イ** (2)例**大きな魚の背中(7字)** (3)**ウ** (4)**イ**

▼42～43ページ

入試実戦テスト

1 (1)ⓐ**イ** ⓓ**ウ** ⓔ**ク** (2)**ア**
(3)初め **膝に上** 終わり **廻る。**
(4)**係り結び(の法則)**
(5)初め **あつぱ** 終わり **侍らめ**

2 (1)**ア** (2)**エ**
(3)例**本当によいことではないのである** (4)**ウ**

解説

1 (1)Xは「こそ」、Yは「なん」という係りの助詞があることに注意する。「ぞ・なむ（なん）・や・か」は連体形、「こそ」は已然形で結ぶので、終止形が「けり」の助動詞は、Xは已然形の「けれ」、Yは連体形の「ける」になる。
(2)波に乗って近づいてくる「四つばかりなる児の白くをかしげなる」を、馬を近づけてよく見ると「大きなる魚の背中に乗れり」とある。この子が「遣唐使それがしが子」という札を首につけていたため、唐に置いてきた自分の子だとわかる。
(3)「あやし」は「不思議に思う」という意味。
(4)「はかなき」は「死んだ」ということを意味する。

現代語訳

1 父は、ある時難波の海岸のあたりを歩いていると、沖の方に島が浮かんでいるような、白い物を見かけた。（それが）近づいてくるにまかせて見ると、子供のように見えた。不思議に思って馬を止めて見（てい）ると、たいそう近く寄ってくると、四歳ほどの子供で色白でかわいらしい（子供が）、波に乗ってこちらへ寄って来る。馬を近づけて見ると、大きな魚の背中に乗っている。従者に（子供を）抱き取らせて見たところ、首に札がついている。「遣唐使誰々の子」と書いてある。「それでは（この子供は）我が子であるのか。唐で（母親と）約束した子の安否を尋ねなかったといって、母親が腹を立てて海に投げ入れたが、そうなるべき縁があって、このように魚に乗って来たのだろう」としみじみと感動を覚えて、たいそう愛おしくて育てる。遣唐使が遣わされるときに言づけて、この経緯を（手紙に）書いて（母親に）送ったところ、母親も今となっては（子供は）死んでしまったものと思っていたので、このように聞いて、めったにない珍しいことだと喜んだ。

入試実戦テスト

1 (1)ⓐ「これ」は口語も文語も「代名詞」であるため、名詞の一種。ⓓ現代語の「する」は文語では「す」。「し」の形は連用形。ⓔ過去の助動詞「けり」の連体形。

(2)主人が子犬をかわいがる様子を見て、馬はどのように思ったのかを考える。続く部分に、馬が自分もかわいがられようと思って子犬と同じように行動したことからも判断できる。

(3)「かやう」とは「このように」という意味。指示する内容をさがす。

(5)引用を表す「〜と」に着目する。

2 (1) A は、「人のために悪しき人」について述べた部分で、直後に「家を保てる」とあることから、「善く」が入る。 B は、 A の「善く」や「家を保てる」を逆接の接続助詞「ども」で受けていることから、「悪しき」が入る。 C は、直後に逆接の接続助詞「ども」があり、「吉ならざるなり」と続いているので、「善く」が入り、「生涯はよく過ごしても、子孫は必ずしも吉となるとは限らない」という意味になる。

(2)「一期」は、「生涯・一生」という意味。

(4)この文章では、「主には知られずとも、……誰がためと思はざれども、人のために善からん料の事を作し置きなんどする」、つまり、特定の誰かではない他者のためを思ってすることを、「人のために善き」としている。**ウ**は、自分が「釣りを楽しみたいから」「河川をきれいにしよう」とあり、自分のためにしているので、これが文章の内容に合わず、正解。

現代語訳

1 ある人が、子犬をとても愛していたのだろうか、その主人が外から帰ったとき、この子犬がその主人のひざの上に上り、胸に手を上げ、口のまわりをなめ回す。これによって、主人はますます子犬を愛するのである。馬が秘かにこの様子を見て、うらやましく思ったのだろう、ああ、自分もこのようなことをしましょうと決意して、あるとき、主人が外から帰ったとき、馬が主人の胸に飛びかかり、顔をなめ、尾を振るなどしたところ、主人はたいへん怒り、棒を取り出し、元の馬小屋に押し込んだということだ。

2 世間の人を見ると、果報もよく、一族を繁栄させる人は、皆、正直であり、他人にとってもよい人である。だから、一族を維持し、子孫までも絶えないのである。心が素直でなく、他人に悪いことをする人は、たとえ、一旦は、果報もよく、一族を保っているように見えたとしても、結局は悪い人である。たとえ、また、（本人の）生涯はよく過ごせたとしても、子孫は必ずしも吉となるとは限らない。

　また、他人のためによいことをして、あの人によいと思われ、喜ばれたいと思ってすることは、悪いことに比べると優れているが、それでも、これは、（相手によく思われたいと）自分自身のことを考えて（することであり）、その相手のために、本当によいことではないのである。その相手には気づかれなくても、その人のために（その人が）安心できるように、または、未来のことを、（特定の）誰かのためとは考えないが、他人のためになるような準備をあらかじめしておこうとする（こと）を、真に、他人のためによい人というのである。

ミス注意！

指示語の示す内容をとらえるのは難しいので注意しよう。**「係り結び」**については、「係りの助詞」を答えるのか、「結び」になっている語（連体形・已然形になっている語）を答えるのか、また、その両方を答えるのか、設問を注意深く読むこと。

総仕上げテスト

▼44〜47ページ

1 (1)**ア**　(2)**ウ**　(3)**天下のものの上手**（8字）

(4)例 **心構えを正しくして、稽古に励むこと**（17字）

2 (1)**エ**　(2)**予フルレ人ニ者ハ驕ルトレ人ニ**

(3)ⓑ**イ**　ⓓ**ア**　(4)**ア**

3 (1)**おきざれば**　(2)**一月計在朔日**　(3)例 **一日の計画は、早朝のうちに立てるのがよい（ということ。）**（20字）

(4)**イ**

4 (1)**エ**　(2)**エ**

(3)例 **借りた刀を決して山伏に返さないつもり。**（19字）

解説

1 (1)「心にくし」は「奥ゆかしい」という意味。

(2)「一芸も」は「一つの芸能さえ」という意味。

(3)直前の一文の主語と同じ。

(4)第一段落で「いまだ堅固……双なき名を得る事なり」、第二段落で「道の掟……万人の師となる」とある。

2 (1)「衣を修めよ」と言っているので、悪い部分を直すという意味の「改修」が合う。

(2)書き下し文は「人に予ふる者は人に驕ると」となっているので、「人」から「予」、「人」から「驕」にそれぞれ一字ずつ返る。

(3)ⓑ「臣」は自分をへりくだって表現する語。曽子の会話で用いられているので、曽子を指す。ⓓ「子」は曽子に領地を与える人物のことなので、魯の君主を指す。

(4)曽子の言葉の中に、領地をもらって、「我能く畏るること勿からんや」（私が遠慮することをしないでいられようか、いや、いられない）とあることから、**ア**が正解。

3 (1)**「不」は「ざれば」と読む。助動詞なので、書き下し文ではひらがなで書く**が、この問題では、すべてひらがなで書くという条件があるので、「起」もひらがなにする。

(2)この漢文は二句ずつのまとまりでとらえられる。一・二句目では「一年計……空」、五。六句目では「一日計……空」とあるので、三・四句目も同様の構成であるとわかる。

(3)「計」はここでは「計画」「予定」のこと。

(4)「鶏鳴」は一日の早い時間、「朔日」は月の最初の日、「陽春」は陰暦で正月、つまり一年の最初の月にあたることから、「最初が肝心」とある**イ**が正解。

4 (1)「さるほどに」は接続詞で、「そうしているうちに」という意味。

(2)ⓐは直前の「(刀を)借りて行き」と同じ人物。ⓑは直前に「亭主帰りても」とあり、これと同じ主語。ⓓの主語「双方」は、刀の貸し借りでもめている山伏と宿主を指している。

(3)「さらさら」は、打ち消しの表現と一緒に用いると「決して(〜ない)」という意味になる。借りたものを返さなくてよいという一国徳政が出たことで、宿主は山伏から借りた刀も返さなくてよいと考えている。

現代語訳

1 芸能を身につけようとする人は、「よくできていないうちは、中途半端に人に知られないようにしよう。こっそりよく習得してから人前に出るようなのが、たいそう奥ゆかしいであろう。」といつも言うようであるが、このように言う人は、一つの芸能さえ習得することはない。まだまったく(芸が)未熟であるうちから、名人の中に交じって、けなされても笑われても恥じることなく、素知らぬ風で過ごして稽古に励む人は、生まれつきの(芸の)器量はないが、(芸能の)道に行き悩むことなく、たゆむことなく年月を過ごすので、芸が達者であっても稽古に励まない人よりは、最後には名人の域に到達し、才能にあふれ、(世間の)人に認められて、比類なき名声を得るのである。

天下の名人とはいっても、初めは芸が下手だという評価もあり、まったくひどい欠点もあった。それでも、その人は、(芸能の)道の心構えを正しくし、これを重んじて気ままなふるまいをしなかったので、世の模範となり、万人の師となることは、あらゆる道で同じである。

2 (使者が)言うには、「どうか領地からの収入で衣服を繕ってください」と。曽子は(領地を)受け取らなかった。(使者は)戻っていったが、再び(曽子のところへ)やって来る。(しかし、曽子は領地を)また受け取らなかった。使者が言うには、「先生が相手に要求したのではありません。相手が領地を献上しているのです。どうして受け取らないのですか」と。曽子が言うには、「私はこう聞いている。人から(物を)もらう者は(物をくれた)相手に遠慮し、人に(物を)与える者は(与えた)相手に対して思い上がると。たとえ魯の君主が(領地を私に)下さって私に偉そうにしなかったとしても、私が(君主に)遠慮してかしこまらずにいられようか、いや、いられない」と。とうとう(領地を)受け取らなかった。

3 ある人が白楽天の日常生活の三つの規範といって語ったことは、

一日の計画は一番どりの鳴くころ(のような早朝)に立てるべきだ。一番どりの鳴くころに起きなければ、毎日の決まった仕事が無駄なものになる。

一か月の計画は、月の最初の日に立てるべきだ。最初の日に立てなければ、その一ケ月は無益なものになる。

一年の計画は(陰暦正月である)陽春に立てるべきだ。(一年の初めである)陽春のうちに田畑を耕さなければ、秋の実りは充実しないものになる。

といった言葉は、まことに凡人は心に油断が起こることによって、万事に後悔したり災難にあったりするとかいうことである。

4 そのような時、越後で、山伏が、宿を借りた。その折、国主の迎えに、宿主も参上しようとしたところ、その山伏が差している刀で、装飾といい、作りといい、じつにすばらしい物であるのを借りて行き、（宿主が）まだ宿に帰らない間に、一国徳政の札が立った。そうしているうちに宿主が帰ったが、刀を返そうとしない。山伏は我慢できずに、何度も（刀を返すよう）頼んだ。宿主が、返事をするには、「おまえの刀を、借りたことは、間違いなく事実である。しかし、徳政の札が立ったからには、この刀も返さなくてよいということだ。決して返す気はない」と言う。訴訟沙汰になったので、（宿主と山伏の）双方が江戸に参上し、家康公の御前での裁判になった。

ミス注意！

①古文・漢文の問題では、**主語を問われる**ことが多いので、文脈をおさえて、丁寧にとらえていこう。
2の(3)では、**「臣」という語が自分をへりくだっていう表現**であることや、**「子」が「あなた」という目上の相手を表す表現**であることがヒントになる。

②**古文で用いられている語句の意味**をおさえよう。
4の(3)では、「さらさら」という副詞の意味が問われている。「さらさら」は、**打ち消し表現を伴うと、「決して（〜ない）」という意味**になる。このような**呼応の副詞**には、次のようなものがある。

例 **え**＋打ち消し表現……「〜ことができない」
な＋そ……「〜するな」
たとひ＋とも……「たとえ〜としても」
さながら＋ごとし……「まるで〜ようだ」

メモ